大活字本シリーズ

武士たちの作法

戦国から幕末へ

中村彰彦

《上》

埼玉福祉会

武士たちの作法　上

戦国から幕末へ

装幀　巖谷純介

武士たちの作法　戦国から幕末へ

◇

上巻／目次

I　戦国秘録　7

Ⅱ　戦国から幕末へ　219

I

戦国秘録

雑兵たちの知恵

武士階級は、上士・中士・下士の三者に分けることができる。

上士とは平時には主君の政事《まつりごと》を輔佐《ほさ》し、いざ合戦となれば部将（司令官クラス）として出陣すべき身分の者たち。中士とはそれら部将たちの指揮下に入って戦う者たちのことだが、戦国から幕末まで日本の合戦の戦闘単位は「〇〇組」と呼ばれることが多く、中士たちは組付きと表現されることもあった。

下士とは足軽のことでこれもれっきとした士分だが、鉄砲足軽・弓足軽・槍《やり》足軽の三者に分けられており、戦場の最前線で戦うことを義務づけられている点に特徴があった。

しかし、おのれの命を的にして戦う男たちはそれだけではなかった。平時であれば中間《ちゅうげん》として武家に雇われており、合戦となると馬の口取り、草履《ぞうり》取り、槍持ち、馬印持ち、旗印持ちなどを務める士分以下の者たちも少なくなかったのだ（足軽がおなじ役目に任じられる場合もある）。

これが戦国の雑兵《ぞうひょう》たち。右に列記した役目のうち、もっとも体力を必要としたのは馬印持ちと旗印持ちだ。馬印とは主将たる者の位置を示す用具のことで、徳川家康の馬印が「白地朱の丸に金の開扇《かいせん》」、豊臣秀吉のそれが「金の瓢簞《ひょうたん》」だったことはよく知られている。旗印は馬印と違って、一本だけではない。たとえば上杉謙信は「龍」の字、「毘《び》」の字、「上杉笹紋」等の旗印を使っていた。

しかし、馬印にせよ旗印にせよ敵に断じて突き倒されてはならないから、持ち手としてはある要領を身につけておく必要があった。『雑兵物語』という史料によると、孫蔵という名の馬印持ちはつぎのように語ったそうだ。

――いつもは、馬印の柄《え》を背中に取りつけた受け筒に差しこんでおき、風が強くなってきたらその柄に手縄を掛けて支える。走るときは柄の鐺《こじり》を受け筒から腰帯の右前方に着けた柄立革《えたてがわ》（一種のホルスター）に移して疾駆する。

同書に収録された旗印持ちの姿を見ると、柄立革に鐺を納めた柄の中ほどを右手でつかんでいる。合戦のつづく間、こうして馬印や旗印の重みに堪えてそれらを支えていることがかれらの飯の種だったのであり、日本人のこのような伝統は今日もすたれてはいない。

夏の高校野球をテレビ観戦すると、応援団の中には腹部に柄立革を装着し、そこに鐺を納めて校旗を支えている若者が時々映し出される。あれが旗印持ちであるが、戦場でいよいよ敵と交錯し、戦況が次第に不利になったとする。後方の本陣にいる主将がそんな戦況をどのようにして知るのかといえば彼我の旗印の動きを見るのだ。

勝ちつつある側の旗は勢いに乗って前方に傾き、負けている側のそれはかならず後方へのけぞる。「旗色が悪い」という表現は、ここから生まれた。

弓矢の破壊力

「弓矢の家」といわれた武家に生まれついた者たちは、武芸を身につけねばならなかった。その武芸は表芸と裏芸にわかれ、表四芸といえば弓馬刀槍《きゅうばとうそう》のこと。泳法、鎖鎌、手裏剣打ち、針吹き術などは裏芸に属した。

雑兵たちは馬に乗れる身分ではないから、弓馬刀槍のすべてに通じる必要はなかった。ただし鉄砲足軽組に配属されることもあるので、馬のかわりに鉄砲術は学んでおかねばならなかった。そこで雑兵たちが身につけておきたいのは弓・刀・槍・鉄砲による戦い方となるのだが、これらの武器のうちで古代から強力な殺傷力を発揮したのは弓矢だ。

昭和二十五年（一九五〇）、長崎県平戸島の根獅子《ねしこ》で発見された弥生時代中期の女性人骨の頭頂には、長さ六・五ミリ、幅六ミリの銅の鏃《やじり》が突き刺さっていた。また昭和二十九年、山口県下関市の土井ヶ浜で発見された弥生時代前期末の男性人骨は、全身に十数本もの矢を浴びていたことから「土井ヶ浜の英雄」と名づけられた（金関丈夫《かなせきたけお》『発掘から推理する』）。

ただし矢は発射するうち本数が減るから、戦国の雑兵たちは最後の一矢はなかなか射なかった。弓につがえはするが、弓弦《ゆづる》を引いたりゆるめたりしながら敵に接近してゆき、だれかが大きく口をあけて迫ってきたらその口をめがけて射こむ。『雑兵物語』によれば、矢蔵という者はこの方法でみごとに首ひとつを挙げたそうだ。

このような貫通力は別としても、弓足軽組と対戦する立場からすると弓矢は厄介《やっかい》な武器だった。からだのどこかに命中した矢を急いで引き抜こうとし、矢柄《やがら》と鏃がうまく引き抜けたとしても大出血を起こす危険があるので、決してガバと抜いてはダメ。しかも鏃が矢柄からはずれて体内に残ってしまうことも多いので、かならず煙管袋《キセル》に毛抜きを入れておき、鏃はその毛抜きを使ってそっと抜く。額《ひたい》に刺さったりした場合は、頭部を木の幹などにしっかり縛りつけてから仲間に抜いてもらう。

射る側からすれば、鏃が敵兵の体内に長く残存した方が深いダメージを与えられる。そう考えて武田信玄などは、「矢の根（鏃）は矢柄にゆるく詰めよ」と命じていた。
天正十年（一五八二）三月に武田勝頼が滅亡したあと、徳川家康が武田家遺臣団を大量に採用したことはよく知られている。家康はその遺臣のひとりから右のような信玄の指示を伝えられ、家中《かちゅう》の者たちには左のように命じた。
「のちのちまで人を苦しめるのは、不仁と申すもの。本日より当家の士たちは、鏃を固く詰めよ」（岡谷繁実《おかのやしげざね》『名将言行録』大意）
殺傷力が弱まることになっても鏃が矢柄から抜けないようにせよ、と命じたわけで、その精神は国際法上、戦場でダムダム弾の使用が禁止されていることに通じるものがある。

鉄砲製造の技術とは

いつの時代にも、最先端の技術というものがある。わが国の戦国時代のそれは鉄砲の製造法、特に銃身の後端をいかにしてふさぐか、という問題だった。ここがしっかりふさがれていないと、銃腔内で火薬の爆発的燃焼が起こると同時にそのガス圧で後端が吹き飛び、その後端に顔を寄せて引き金を引いた銃手は大怪我《おおけが》をしてしまう。

天文十二年（一五四三）にポルトガル人が種子島に鉄砲を伝えたとき、領主の種子島時尭《ときたか》はその鉄砲を買い求め、刀工の八板金兵衛にこれをモデルとして国産銃を製造するよう命じた。だが、ポルトガル人は金兵衛が十七歳の娘若狭を差し出したにもかかわらず、銃身後端のふさぎ方を教えてはくれなかった（長谷川伸『佐幕派史談』）。

それから実に三十年を経た天正元年（一五七三）のこと。近江《おうみ》の小《お》谷《だに》城主浅井《あざい》長政を滅ぼした織田信長は、豊臣秀吉（当時は羽柴姓）を浅井家の旧領近江北三郡十二万石に封じ、秀吉は琵琶湖北東の今浜に城を築いて長浜城と名づけた。

今浜を長浜としたのは、信長の「長」をもらうという一種のゴマスリ戦術だったが、その領内、坂田郡の国友村は次第に鉄砲の一大製造工場へと育っていった。なぜそうなったかを知るには、国友村の次郎《じろ》助《すけ》という者の大発見から見てゆかねばならない。

その前にひとつだけことわっておくと、当時の日本人はまだネジの原理を知らなかった。対して鉄砲の銃身後端は、尾栓をネジではめ合わせて密閉するもの（奥村正二『火縄銃から黒船まで』）。ネジを知らない日本人が銃身後端のふさぎ方に苦吟《くぎん》したのは、いってみれば当然のことだったのだ。

ところが次郎助は、あるとき刃の欠けた刀で大根をくりぬくうちに、大根に欠けた刃先通りの条痕が刻まれることを発見。そこからネジの切り方を思いつき、銃身後端はネジブタでふさげばよいと見破るに至った、と『国友鉄炮記』にある。秀吉は国友村産の鉄砲を独占することによって強大化してゆくのだが、これはのちの話。

今回は火縄銃の原理から見てゆくと、まず鉄砲足軽は銃身を垂直に立て、銃口から鉛の銃弾と定量の玉薬《たまぐすり》を流しこんでからカルカとも呼ばれる棒状の槊杖《さくじょう》を差しこんでよく突き固める。ついでカラクリ部分の右側にある火皿に口薬《くちぐすり》（発火薬）を盛り、引き金を引いてその火皿にすでに火のついている火縄を落とす。すると口薬の火が銃腔奥に通って玉薬を爆発的に燃焼させ、そのガス圧が推進力となって銃弾を発射する、というわけだ。

戦国期の鉄砲足軽は、「ふたつ玉」といって銃弾二発を一度に発射することもあった。しかし連発は不可能だから、一度撃つとまた玉ごめし、槊杖を使わねばならない。ただしこのような作業をくり返すうちに槊杖が折れてしまったり、銃腔に玉薬のカスが付着して穴が狭くなり、銃弾が詰まったりする。

さて、雑兵たちはこういったトラブルをどのように克服したのか。

戦場での備えと職人芸

本来槊杖は、細長い鉄の棒であり、先端に布やブラシなどが取りつけられていた。国産火縄銃の槊杖がしばしば折れてしまったのは、鉄を使うことを惜しんで木製のものを使用していたためだろう。

では、その槊杖が折れたらどうするか。答えは簡単、戦場をめざすときに替えの槊杖を二、三本用意してゆけばよい。これはプロのカメラマンが、撮影旅行にはかならず複数のカメラを携行するのとおなじことだ。

それでは、銃腔に玉薬のカスが溜まって銃弾が詰まりがちになったときにはどうするか。この問題の答えを見出《みいだ》すためのヒントは、欧米の近代の鉄砲が口径（銃腔の直径）によって分類されるのに対し、国産火縄銃は十匁《もんめ》筒、十三匁筒などと呼ばれるように発射できる鉛玉の重量に基準が求められていたことだ。

一匁は約三・七五グラムだから、十匁玉は約三七・五グラム、十三匁玉は約四八・七五グラム。所荘吉『火縄銃』によると、十匁玉の弾径（直径）は一八・三五三ミリメートル、十三匁玉のそれは二〇・〇二八ミリメートルだという。

だからある雑兵に貸し与えられた火縄銃が十三匁筒だった場合、初めは十三匁玉をこめて撃ち、銃腔に玉薬のカスが貼りつくにつれて十二匁玉→十一匁玉→十匁玉とより小さな銃弾を使うようにすれば、銃腔に玉が詰まる事態を未然に防ぐことができるのだ。

規格などという概念に捉《とら》われることなく、勘と経験によって使用する弾丸を替えてゆくというのが何とも日本的で、これも職人芸の一種とみてよいのかも知れない。

これらの雑兵をふくむ鉄砲足軽組は、敵の鉄砲足軽組と撃ち合いになることが多かった。そのため、防御の姿勢をどうするか、という点も大きな問題のひとつだった。敵から見て自分の姿が最小となり、かつ銃弾をはじき返せる部分の面積がひろくなればなるほど死の危険から遠ざかることができる。

ではそれはどんな姿勢かというと、右膝《ひざ》を地面についていて片膝立ちの構えをとること。頭を鉄笠、胸から下腹にかけてをお貸し胴具足で守り、足に鉄や竹製の臑《すね》当てを着けている雑兵や足軽がこう構えると、敵から見て的が最小となるばかりか、胴体は立てた左足の臑当ての背後に位置し、頭部は三角形を呈した鉄笠におおわれていて、銃弾を撃ちこめる部分がほとんど露出していない。

しかも、戦国の雑兵たちは面倒な玉ごめを短時間で済ますコツに気づいた。細竹に名刺サイズよりやや大きい和紙をくるくると巻きつけてその紙に丸みをつけ、それを筒に見立てて定量の玉薬と銃弾を納めて、その和紙の両端をちょいとひねれば和製の薬莢《やっきょう》入り弾丸が出来上がる。

早合わせ、ないし早合《はやごう》と呼ばれたこれを銃口から落として槊杖で押しこむのに時間はかからない。当然、次弾を発射するまでの間隔が短くなり、この早合わせは幕末の会津戊辰《あいづぼしん》戦争でも使用された。

早合わせの作り方、使い方にもコツがあった。

まず、紙筒に銃弾と玉薬を封じこむ際、玉薬をたっぷり盛りこんではいけなかった。玉薬を多く入れた早合わせを胴乱に納めておくと、その紙筒の中で玉薬が圧迫されて固まってしまうことがある。だから早合わせを玉ごめするときにはその早合わせを指につまんでひと振りし、玉薬が固まっていないことを確認するのがよいとされた。

また早合わせを作るとき、最後に紙筒の閉じ目に糊《のり》を塗って封じる者がいる。糊を使いすぎると、これも玉薬を固めてしまったり玉に紙を付着させてしまうことにつながったりし、何とか玉を発射できてもを四、五間（約七・三〜九・一メートル）先にしか飛ばないこともままあった。だから早合わせには糊を使わず、その紙筒の両端をちょいとひねっておけばよいのだ。これは飴玉《あめだま》を紙に包むのと似た手間でしかない。

槍対槍は百メートルまで

では鉄砲足軽組と弓足軽組が連携して敵に当たるときはどうするか。

――そういう場合は鉄砲ふたりの間に弓ひとりを配置し、鉄砲が玉ごめされている間に矢を発射する。鉄砲と矢を一度に発射してはならない。

『雑兵物語』がそう説いている点には、説得力がある。

筆者はかつて火縄銃発射の実演を見学したことがあったが、その銃手は玉ごめをせず、火皿に口薬を載せて引き金を引くだけで三十秒を要した。早合わせを槊杖で銃腔に押しこむ作業を加えれば優に一分はかかろうから、その一分の間、鉄砲足軽組ないし付属の雑兵たちは攻撃力がゼロの状態となってしまう。その空白の時間帯を埋めるために弓足軽たちが矢を射るわけで、上役に命じられずともこのように行動できる者が「つわもの」なのであろう。

ついで槍足軽組についてみると、足軽や雑兵たちが戦場で用いた槍はほとんどが短い穂先に寄せ竹製の打柄《うちえ》をつけたもので、その長さは二間（約三・六四メートル）ないし三間（約五・四六メートル）だった、と名和弓雄『絵でみる時代考証百科　槍、鎧、具足編』にある。

槍は刀とおなじく日頃は鞘《さや》に納めてあるものなので、横陣となって敵の槍足軽組に接近してゆくときにはその鞘をはずし、短い鞘なら胸に差しこみ、長いものなら後ろ腰に差す。

さらに間合いが詰まったならば、敵を槍で突くのはダメ。バットを縦に振るように敵に向かって叩《たた》きつけるのだが、当然、敵の槍足軽および雑兵たちもおなじ戦法をとる。上段から振り下ろされた敵の槍より一瞬遅れてくり出し、こちらが上槍《うわやり》になるのが「後《ご》の先《せん》」の呼吸だ。

このような槍対槍の戦いは、左右が拍子をそろえることが大切だが、敵が崩れ立っても一町（約一〇九メートル）以上は追わないものだ、と『雑兵物語』はいう。その理由は書かれていないものの、深追いして孤立するなということだろう。

銃弾、矢がともに尽き、槍足軽同士の叩き合いでどちらかが崩れ立ったならば、その崩れたところをめざして騎馬武者たちが馬を発進させ、雌雄《しゆう》を決する。雑兵たちも武器を刀に替えて乱戦に参加するわけだが、雑兵たちは大刀や脇差《わきざし》についても独自の感覚を育てていた。

それはひとことでいえば「金銀ごしらえの大小（金や銀で装飾をほどこした大刀や脇差）は持ってゆくな」というもの。雑兵たちには、ぜいたくを惜しむ「清貧の思想」が浸透していたのか、と思うむきもあるかも知れないが、そんな高級な話ではない。

金銀ごしらえの大刀や脇差を差している雑兵は、仲間に寝首をかかれてそれらを盗み取られる危険があった。命あっての物種だから、そんな大小は持ってゆくな、というだけの話なのだ。

戦前の日本軍には「員数を合わせる」といって、何か備品を紛失した兵はだれかからおなじ備品を盗んで帳尻を合わせるという悪習が絶えなかった。このような悪い癖は、どうやら戦国時代の雑兵たちにははじまるらしい。

だからというわけではあるまいが、雑兵たちは無人の家に入りこんだときなど、隠された米や衣装を見つけだすのが巧みだった。戦国時代に米や衣服を隠す場合は、鍋や釜に入れて庭に埋めたものだ。しかし、霜の降りる季節にこのようなことをすると、一度掘り返された部分の土にだけは霜が降りない。だから霜の降りない地点を掘ってゆけば、埋蔵品を発見することができるのだ。

話を刀による勝負にもどすと、馬上で抜刀《ばっとう》する者は、抜いた勢いで馬の平首《ひらくび》に切りつけてしまうケースが多かった。ついでにいうと槍を右脇にかいこんで乗馬した騎馬武者は、その穂先の刃で馬の右目を傷つけるケースがあったというから馬には迷惑な話だ。また、刀対刀の戦いでは「とにかく敵の手足を狙《ねら》って斬れ。真向《まっこう》（顔）に斬りつけると刀の刃が兜《かぶと》に当たって鍋弦《なべづる》のようにひん曲がってしまう」と雑兵たちは教えられた。

その刀は、一時代前には半月のように湾曲した長大なものが好まれていた。だが、このような刀を刃を上にむけて左の腰に差すと、その鐺《こじり》が左足の踵《かかと》に当たってしまうことがある。そこで室町時代の後半に戦国時代に突入したころから、武士たちは鐺が踵に当たらない直刀を好むようになった。

ところが、直刀にも問題があった。湾曲した刀は左手で反《そ》りを打たせ、腰と右足を右へ回しながら抜けば回転力でうまく抜刀することができる。対して直刀は、腰と一緒に回ってくれないから抜刀しにくいのだ。

それは、大刀のように長い大脇差にしてもおなじこと。雑兵たちの中には大脇差をうまく抜刀することができず、なかばまで抜けた刃の部分をつかんでさらに抜こうとして手を切ってしまった例、その大脇差を取り落として足を切った例もあったという。

江戸時代初期に『雑兵物語』がよく読まれたのは、以上のような失敗談をふくめて実戦の心構えが平易に語られていたからであろう。

戦場では声をひそめよ

藤六という名の雑兵が曽祖父から聞いたところとして語り残したの

は、昔、陣中にハツカネズミをつれてきた者がいた、という話だった。そのハツカネズミは首を紐《ひも》で括《くく》られていたが、その紐が外れてしまったので、それに気づいた二、三人が騒ぎはじめた。

陣中にある者は敵がいつ攻めてくるかと緊張しきっているから、こんな騒ぎであっても敵襲と錯覚する者が出てくる。藤六の曽祖父のいた陣営の兵たちは敵などいないのに次々に崩れ立ち、ついには五、六万の大軍が敗走に移った。

「泰山鳴動して鼠一匹」とはまさにこのことだが、ハツカネズミの体重を一〇グラムとすれば、馬は馬格の小さなものでも三〇〇キログラム以上ある。陣中で馬が放れたときは大騒動になりやすく、徳川家康の祖父松平清康などはそのために命を失ってしまった。

世に「森山崩れ」といわれたこの事件は、三河の覇者清康が天文四年（一五三五）末、尾張の織田信秀（信長の父）を攻めるべく同国春日井郡の森山（守山）に布陣するうちに起こった。十二月五日早朝、陣中の馬が放れて「木戸を閉めよ、外に出すな」という叫びが起こったのを聞いて、清康の家臣阿部弥七郎は軽々しくもこう考えたのだ。

――わが父上（阿部定吉）には、織田家に通じたとの風聞がある。「木戸を閉めよ、外に出すな」とは、殿のお命を頂戴しようとして失敗した父上を逃すな、ということに違いない。

ならば自分が父を手助けせねば、と思って弥七郎は清康を斬殺《ざんさつ》。これによって松平家――のちの徳川家は、長い冬の時代を迎えるのだ。

以上のように野陣の内では小さな事件が大事《おおごと》になりやすく、そのおよそは物音が発生することからはじまる。だから戦国の武士たちは、陣中で小唄を歌うこと、浄瑠璃《じょうるり》や物語を語ることなどは厳しく禁止されていた。

だが、馬は不意に空気を切り裂くように嘶《いなな》き、敵にこちらの位置を教えてしまうことがある。だから馬の口取りの雑兵たちは、馬を嘶かせない方法を身につけておかねばならなかった。その方法とは「枚《ばい》」ないし「口木《くちき》」といわれる箸のような形の道具を馬の口にくわえさせ、その両端につけた紐を頭上で結ぶことだった。

「枚を銜《ふく》む」と表現されたこの方法は古代中国で発案されたらしく、明治以降の日本の騎兵も古兵たちから教えられていたはずだ。

馬は騎馬武者用と駄馬（荷馬）の二種類にわかれるが、駄馬の運ぶ小荷駄は段ボールのない時代のこととて筵《むしろ》や俵に包まれている。その筵や俵は、刻んで青草や糠《ぬか》に混ぜれば馬の飼葉となる。

ついでに荷縄としては芋の茎を用いておくと、味噌汁を作るときに具とすることができる。

いずれもなかなかの知恵だが、敵の領地に入った兵たちは決して井戸の水を飲まなかった。村々の住人たちは、井戸に糞尿を投じて退去することが多かったからだ。

武士たちの作法

戦国時代の城の多くは山城《やまじろ》であり、江戸時代が近づくにつれて平地に縄張りされた平城《ひらじろ》が多くなる。山城は連郭《れんかく》式といって、山の稜線上に段々畑のように曲輪《くるわ》をつらねた造りが主流だった。

その山城の絶対条件はただひとつ、水の手があること。水がなければ兵たちが渇《かっ》え死《じに》してしまうからだ。

しかし山城には、敵に山裾を囲まれてしまうと孤立しやすいという欠点があった。このような場合に城将が採るべき策は、籠城戦《ろうじょうせん》を開始して援軍の到来を待つことだ。そこで城将には、籠城者たちのための食料を確保し、かつ上手に配分するセンスが求められた。

『雑兵物語』によると、一日につき配分すべき食料の種類と量は左のようなものだ。

水は一升《しょう》、米は六合《ごう》、塩は十人に一合、味噌は十人に二合。

この時代の日本人が一日に食べる米は一人扶持《いちにんぶち》といわれ、男なら玄米五合、女ならおなじく三合とされていた。その米の量を六合として いるのは、いくさとは激しく体力を使うものだからだろう。

ではこれらの食料をどの程度まとめて与えるべきかというと、一度にせいぜい三、四日分をわたせばそれでよい、五日分以上を与えてはならない、という古法があった。なぜこのように定められていたかというと、兵たちには呑兵衛《のんべえ》が少なくなかったからだ。

酒好きな兵は、米を一括して大量に与えられると酒に造って飲んでしまう。そのため米の減り方が早くなり、ついには兜や具足を売って米を買う愚《おろ》か者まであらわれるため、一度に多くはわたせないのだ。

仕官の口を求めてやってくる牢人者《ろうにんもの》たちの、食事の作法に注目して採用か不採用かを決めた戦国大名といえば武田信玄だ。以下は『真田三代風雲録』（実業之日本社文庫）に詳述したことだが、信玄は仕官志望者が甲府の館へやってくると、まず食事を与えてその食べ方を物陰から観察するのをつねとした。

あるとき、長く諸国を流れ歩いた浪々の身という口上で仕官を望んだ侍は、食べ方が上品すぎるため追い返された。長くひもじい暮らしをしてきたのなら、もっとガツガツしているはず、と信玄は考えたのだ。のちに調べてみると、はたしてこの侍は京からやってきた間者《かんじゃ》だった。

また、さる家に侍大将として出仕して兵五百を動かしていた、という触れこみでやってきた侍は、飯と汁椀《しるわん》とを出されるとその飯に汁をかけて食べはじめた。だが、少し汁をかけては飯を食うことをくり返すうちに汁がなくなり、飯の方はかなり余ってしまった。信玄は、この侍も追い返し、家来たちにはこう告げた。

「汁かけ飯というものは汁と飯の量をよく見較《みくら》べながら食べてゆき、最後に両方が同時にカラになるようにするのが士の作法だ。それもわからぬ輩《やから》に、五百の兵が動かせるものか」

一軍の将たる者が訪問先で飯と汁椀を出された場合は、以下のようにするのが戦国の作法だった。まず、箸で汁の具をつまんで口に運んでから汁を吸う。つぎに、飯を箸ですくって左の掌《たなごころ》に移してから食べる。

この作法を逆用すれば来訪者を困らせることも可能だったが、もうひとつ別の作法を心得ていたため、そんな罠《わな》には掛からなかった名将もいた。その名将とは、関ヶ原の戦いのあと筑前福岡藩黒田家を脱藩した後藤又兵衛。又兵衛を困らせようとしたのは、安芸《あき》広島藩主だった福島正則だ。

場合によっては又兵衛を採用してもよいと考えていた正則は、かれを広島城に招いて食事の膳をふるまったものの、わざと箸を添えさせなかった。

それでも又兵衛は、まったく慌てなかった。かれは大刀の鞘から割《わり》笄《こうがい》を抜き取って箸代わりとし、なにごともなかったように食事をとった。割笄とは二本に割れるようにしてある笄のことで、髪をかき上げたり手裏剣のように打ち出したりもできる便利な品だ。

のちに淀殿・豊臣秀頼母子に加勢して大坂冬の陣、夏の陣を戦う又兵衛が、兵六千を指揮して真田幸村（信繁）とともに武名を残したのは周知の通り。かれは右に見たような不動心の持ち主だったからこそ、本朝武士《もののふ》の代表のひとりにかぞえられることになったのだ。

又兵衛は播磨《はりま》の生まれ、正則は尾張の出身だからともに関東人ではない。なにゆえそんなことをいうかというと、戦国時代には関東と関西で戦い方がかなり違っていたからだ。

東西で異なる戦の作法

騎馬武者の激突戦にしても、関東では互いに馬体を寄せ合っての突き合い、斬り合いになる。対して関西では馬は人を運ぶものでしかなく、騎馬武者は敵に接近すると下馬し、徒立《かちだ》ちとなって戦った、と書く史料が複数ある。

馬は王朝の世から東国ないし奥州産がよしとされていたから、馬術の達人は西国武士より東国武士に多かった。それがこのような戦い方の違いになったようだが、つぎに考えたいのは、「折り敷け」という命令について。「折り敷く」とは全軍が一斉に右膝を地面につけ、左膝を立てて腰を下ろした低い姿勢を取ることをいい、戦国時代から太平洋戦争中まで一貫して軍事用語として用いられた。

明治以降の日本陸軍が折り敷いた場合、「銃槍《じゅうそう》は林の如《ごと》く立っていた」と記したものがある。対して戦国時代の折り敷きは、敵襲にさらされた兵たちが草原、麦畑、林の中などに屈《かが》みこみ、旗印は巻いて槍とともに地に伏せてしまうことを意味した。

平均身長一・五メートル程度の兵たちがこのようにすると、その姿は敵の視界からかき消えてしまい、敵の攻撃を鈍らせるという効果が期待できるのだ。

折り敷きの第二の効果は、それまで折り敷いていた側が逆襲に転ずる場合に如実にあらわれる。陣太鼓などの合図により、ただの草原か麦畑としか見えなかった一帯から兵たちがぬっと具足姿をあらわせば、敵はそれだけで仰天してしまうからだ。

そのような効果をよく知っていて、実戦に応用した者といえば真田幸村だ。大坂夏の陣の最終日となった慶長《けいちょう》二十年（一六一五）五月七日、幸村率いる一万三千あまりの兵力は、天王寺の茶臼山に折り敷いて南方から徳川軍が接近するのを待ち構えた。

茶臼山は標高二七・二メートル、方二町（約三六〇〇坪）ほどの丘だが常緑樹におおわれていて、兵を潜伏させやすいのだ。この真田軍が最後の突撃に移るべく旗印や槍を押し立てて一斉に立ち上がった光景は、「躑躅《つつじ》ノ花ノ咲キタル如ク」であった、と徳川方史料『武徳編年集成』にある。

真田軍は「赤備え」といって、旗印、具足、馬装、槍の柄の色などを赤一色に統一していた。常緑樹の下に潜んでいたこれら「赤備え」の兵たちが折り敷きの構えを解いた姿は、全山が一気に躑躅の花に染め上げられたような迫力ある美しさだったのだ。

こうして敵の度肝《どぎも》を抜くというのも、重要な軍略のひとつ。真田軍の猛攻を喫した家康の本陣にあっては金の開扇の馬印も押し倒されてしまい、その旗本の中からは恐怖に駆られて三里逃げ走った者すらあった。時と所を得た折り敷きは、かくも劇的な結果を招き寄せることもあるのだった。

ここでふたたび東西の騎馬武者たちの戦い方の違いという話にもど

ると、織田信長軍の主力は美濃・尾張の兵だったが、濃尾出身の騎馬武者たちも東国のそれとおなじく騎乗したまま敵陣に突入することを好んだ。俗にいう「敵を馬蹄《ばてい》に掛けて蹴散《けち》らす」戦法だ。

その織田家の部将羽柴秀吉は、現代風にいえば中国方面軍司令官に任じられ、播磨・備前・備中ほかで西国一の大大名毛利輝元と対決。「毛利の両川《りようせん》」といわれた分家の吉川《きつかわ》元春、小早川隆景《たかかげ》は、もちろん毛利家に加勢した。

吉川元春は生涯に七十六戦して六十四勝という猛将であり、天正六年（一五七八）に西備前で秀吉軍と対決したころ、元春はせがれ元長から兵たちにこう命じさせていた。

「織田軍には相手の虚をうかがって無二無三に馬を入れ、人を蹴崩すとの聞こえがある。されば当家の弓・鉄砲足軽は騎馬武者が見えれば射払い射払いして、それでも馬を入れんといたせばその場にはらりと折り敷け。一度折り敷いたなら、たとい膝の上に敵の馬が乗り掛けてきたとて動いてはならぬ。決して立ち上がることなく、敵の兵馬の足を薙《な》ぎ払え」(『陰徳太平記』大意)

騎馬武者重視の織田家に対し、毛利家は足軽や雑兵——後世の歩兵によって対抗したのだ。ひるがえって「長《ちょう》(長州《ちょうしゅう》藩)の陸軍」といわれた明治以降の日本陸軍は、ついに歩兵中心の考え方から脱却できなかった。それは、吉川元春・元長父子の発想を引きずっていたからかも知れない。

幕府のシステムが〝戦国〟を招いた

戦国時代の将兵が、武器の使い方から戦術、人物力量の量《はか》り方までに独自の工夫を凝らしていたことをかなり詳しく見てきた。

だが、個人個人が自分の会得《えとく》したコツや勘を頼りに生き残りを策すようになったのは、煎じ詰めれば物騒な時代を迎えていたから。室町幕府というシステムでいうと、将軍権力とはどのような範囲で発揮されるべきものかがきちんと定められておらず、その分だけ野放図な将軍が出現して守護大名たちにそっぽを向かれてしまったからだ。

特に足利六代将軍となった義教《よしのり》などは、五代の義量《よしかず》が十九歳の若さで急死したため、その父義持の兄弟四人の中からクジ引きで選ばれた者にすぎない。義教はそれまで出家して天台座主《ざす》となっていたから、幕政のバの字も知らなかった。

というのに義教は、将軍襲職からまもない正長二年（一四二九）五月以降、冷酷非情な政治をおこないはじめた。御所の内で女犯《にょぼん》の罪を犯した者は、遠流《おんる》以下の厳罰。米価をつり上げた疑いのある米商人六人は、湯起請《ゆぎしょう》（熱湯に手を入れさせ、無罪ならば火傷《やけど》しないとする）の結果クロとされて死刑。比叡山延暦寺の使節僧四人は、謀反《むほん》の疑いで即日斬首《ざんしゅ》。おなじく二十四人には自殺を通達。東坊城益長という公《く》卿《ぎょう》に至っては、義教を小馬鹿にして笑ったと思いこまれて閉門を命じられた。

この時代、将軍を輔佐する管領《かんれい》は斯波《しば》・畠山・細川の三家から選ばれ、侍所《さむらいどころ》の長官である所司《しょし》は赤松・一色《いっしき》・山名・京極の四家から選ばれることになっていた（三管領四職《しき》）。三管領四職は江戸時代の老中のような存在だから、将軍といえどもこれらの者たちの意向を尊重して幕政をおこなう、というのが武家の棟梁《とうりよう》たる者の作法でなければならない。

しかるに義教は、斯波・畠山・山名・京極家の相続問題に介入。一色義貫《よしつら》は殺され、義教の男色の相手だった赤松貞村は、赤松家の直系でもないのに同家の領国（播磨・美作《みまさか》・備前）に封じられようとした。赤松家の直系――満祐《みつすけ》・教康《のりやす》父子としても、ここまでされては黙っていられない。ついに将軍討伐を決意し、嘉吉《かきつ》元年（一四四一）六月二十四日、西洞院《にしのとういん》二条にある屋敷の池に鴨の雛《ひな》がたくさん泳いでおりますから、と理由をつけて義教とお気に入りの大名たちを招待した。

酒と能楽による接待が進行するうち、厩舎《きゅうしゃ》の馬が故意に放たれ、庭を暴走しはじめた。

「外へ出すな、門を閉じよ」

と赤松側のだれかが叫んだのは、すでに述べた「森山崩れ」の際の松平清康軍の反応とおなじ。ただし赤松側の者たちは、馬ではなく義教を逃さないためにこう叫んだのだ。

しかも、ともに招かれた大名たちに非情な義教を守る気などはさらさらない。義教はその場で討たれ、史書に「犬死」と書かれた。この「嘉吉の乱」は、下剋上の風潮のさきがけとなった出来事といってよい。

足利義教を「悪将軍」と形容し、その死を「犬死」としたのは、伏見宮貞成《さだふさ》の日記『看聞御記《かんもんぎょき》』だ。

同様に、「悪御所」と渾名《あだな》された足利将軍もふたりいた。十三代義輝と十五代にして最後の将軍となった義昭だが、ここではなぜ義輝が「悪御所」――要するに将軍としての品位に欠けた者、とマイナスの評価を受けてしまったのかを考えてみる。

嘉吉の乱後、赤松満祐・教康父子は追討軍に討たれ、管領細川晴元家にあっては家臣三好長慶《ちょうけい》が晴元に取って代わる気配をみなぎらせた。天文十八年（一五四九）六月、十四歳の義輝はその三好長慶に御所を追われ、細川晴元ともども近江へ逃亡せざるを得なくなった。

そこまで足利家の武威は衰えていたわけだが、近江で義輝は廻国修業中の剣豪塚原卜伝《ぼくでん》と知りあった。卜伝は十七歳のとき初めて真剣勝負をおこなって以来、真剣で試合すること十九度、おのれの武芸を磨くため特別に合戦に参加させてもらうこと三十七度。矢傷六カ所以外に傷は負わず、討ち取った者三百十二人という一種の天才だ。

義輝はその卜伝に入門を許され、新当流剣術の極意「一つの太刀」の秘伝を授けられた。室町時代とその後半の戦国の世はそれぞれの体得したコツや勘が種々の分野である流儀へと磨き上げられてゆく時代でもあり、剣の流派もこのころ成立したものが多い。

そしてこの時代には、卜伝のほかにもうひとり不敗の剣豪がいた。新陰流を創始した上泉伊勢守《かみいずみいせのかみ》秀綱。無刀取りを工夫した柳生石舟斎宗厳《むねよし》の師となる人物だ。

永禄元年（一五五八）、三好長慶と和睦して京へもどった義輝は、上泉伊勢守を二度招いてその剣技を見たほどだから当人も相当な剣の達人だったに違いない。

しかし、将軍は天下人である以上、自分が剣の達人となる必要はない。達人集団たる家臣たちに号令して、治国平天下の道を切りひらく、というのが将に将たる者の選ぶべき道なのだ。

そこのところをよくわかっていなかった義輝には、次第に悪い噂がつきまといはじめた。

「刀にくろき反古《ほご》をまき、闇夜に辻切《つじぎり》などをあそばされし」（『戴恩記』）

というのだ。刀は深夜に戸外で抜き放つと、青白く輝いて斬るべき相手に気づかれやすい。それを防ぐために「くろき反古」をまきつけてあったとは実にリアルで、この噂がただの噂ではなかったことをうかがわせる。そのためにこそ義輝は、「悪御所」と呼ばれはじめたのだ。

このように徳のない将軍が、下剋上の風潮に染まっている大名たちから畏敬《いけい》されるわけがない。永禄八年五月十九日、三好義継と松永久秀の同盟軍三千騎が御所に突入したのは、むろん「悪御所」を亡き者にしようとしてのこと。このときの義輝の将軍らしからぬ反応は、のちに黒澤映画『七人の侍』のあるシーンに影響を及ぼすことになった。

足利義輝の御所は今日の上京区室町通下立売下ルにあったが、御所の内には二百人ほどしかいなかったため、とても三好・松永の三千騎には抵抗しきれない。それでも義輝は、突入してきた荒武者たちに単身立ちむかうことをためらわなかった。

「公方《くぼう》様（義輝）御前に利剣をあまた立てられ、度々《たびたび》とりかへ切り崩させ給ふ」（『足利季世記』）

とあるのは、前述したように直刀は腰と右腕の回転力で抜きにくいため、義輝はあらかじめよく切れる刀を何本も畳に突っ立てておき、次々に刀を取り替えて敵を切り倒したという意味だ。

こういえば黒澤映画ファンにはもうおわかりだろう、『七人の侍』において三船敏郎扮する菊千代が土砂降りの村の一角に剣をたくさん突っ立てておき、騎乗して突進してきた野武士たちと斬りむすぶ場面は、右の記録を換骨奪胎して成ったものだ。菊千代が高貴の血筋であるかのように装う場面もあるのは、脚本家がモデルは義輝だと意識していたためかも知れない。

それはともかく、最後に義輝は敵の刀か薙刀《なぎなた》で足を払われて倒れ、障子を倒し掛けられた上から槍で突かれて討死《うちじに》をとげた。母、正室、若君、女房たち約八十人も、つづけて死を選んだ、という話は楢村長教『室町殿物語』にある。義輝は、享年三十だった。

将軍ばかりかその家族、長男も死んでしまったのだから、今の感覚でいうと室町幕府足利家の歴史はここでおわってもよかった。だが、当時は血筋というものに異様にこだわる。義輝には鹿苑寺《ろくおんじ》（金閣寺）の住職になっている周暠《しゅうこう》、奈良興福寺の一乗院の門跡《もんぜき》となっている覚慶というふたりの弟がいたので、このどちらかを還俗《げんぞく》させて将軍職につければよい、ということになった。

しかし、周暠もまた松永久秀に殺されてしまい、覚慶も身の危険を感じてひそかに近江へ脱出した。この覚慶がのちの十五代将軍足利義昭だから、義昭は初めから流浪《るろう》を運命づけられた将軍だったのだ。

そこで義昭は、有力な戦国大名たちに御内書《ごないしょ》（将軍の書状）を発して助力を求めた。その戦国大名とは、越後の上杉輝虎（謙信）、越前の朝倉義景《よしかげ》、安芸の毛利元就《もとなり》、美濃の長井山城守《やましろのかみ》のちの斎藤道三《どうさん》など。

ところが、義昭の命令を奉じようとする者はひとりもいなかった。諸大名にとって、将軍はすでに有名無実な存在と化していたのに、これまた幕政のバの字も知らない義昭はまだ幕府の権威を信じていたのだ。徳川家の史料『松平記』には、義昭のアナクロニズムを笑った狂歌が採録されている。

「こ《来》よ〱とすりあげ物の奈良刀みのながいとて頼まれもせず」

「すりあげ物の奈良刀」とは、出家・剃髪《ていはつ》していた義昭のこと。「みのながい」は刀身の長さと「美濃の長井」を掛けている。

ただし、永禄十一年（一五六八）に義昭が発した一通の御内書には思いがけない反応があった。

足利義昭からの御内書に、ひとり反応した人物とは織田信長だ。信長のそれ以前の歩みを要約すると、つぎのようになる。

永禄二年（一五五九）、二十六歳にして尾張を統一。

同三年五月十九日、「東海一の弓取り」今川義元を桶狭間《おけはざま》で討ち取る。

同六年、美濃攻めのため小牧山城を築き、清須城からこちらへ移動。

同十年九月、美濃の稲葉山城を落とすことに成功し、その城主斎藤龍興《たつおき》は伊勢へ逃亡。小牧山城から稲葉山城改め岐阜城へ居城を移し、以後は濃尾二カ国を支配。

その信長が義昭の御内書を受け入れたことを、太田牛一『信長公記《しんちょうこうき》』は左のように記録する。

「信長尫弱《おうじゃく》の士（弱く貧しい将）と雖《いえど》も、天下の忠功を致さんと欲せられ、一命を軽《かるん》じ御請《おうけ》なさる」

信長は、棟梁に忠義を尽くすという武家の作法を守って立ち上がることにした、というのだ。

永禄十一年（一五六八）九月七日、上洛の軍を発進させた信長は五畿内を平定。三好・松永同盟軍によって十四代将軍に擁立されていた足利義栄《よしひで》を追放し、義昭を十五代将軍とした。

その義昭が、六条の本国寺《ほんこくじ》で将軍として公式に信長の訪問を受けたのは十月二十二日のこと。はしゃいだ義昭は、能十三番をもって信長を歓迎しようとした。だが、信長はこれを五番のみに短縮するよう注文をつけ、さらに義昭から鼓を所望されても応じようとしなかった。

「副将軍でも管領でも、望みの官職を与える」

狼狽《ろうばい》して義昭は提案したものの、信長はこれもすげなく断ってしまった。義昭はなおも将軍の権威を信じていたが、信長は義昭を実は自分のジャンプ台として利用しただけで、すでに室町幕府以後の「天下」について考えはじめていた。このようなリアリズムも、戦国という時代の大きな特徴のひとつだ。

しかも義昭は、信長から居城として二条城を造営してもらったにもかかわらず、とても将軍の器ではなかった。元亀三年（一五七二）九月、ついに信長はその無能ぶりを糾弾するに至る。

——朝廷への参内を怠り、諸国に馬ばかり所望するのはなぜか。兵《ひょう》糧《ろう》たるべき二条城の御城米を売りに出し、将軍みずから商売に精を出すとはどういうことか。そんなことばかりしているから、土民百姓までもが「悪《あ》しき御所」といっているのだ。

誇りを傷つけられた義昭は、足利義輝を殺した三好・松永同盟軍と結託し、信長に反旗をひるがえした。

義昭にとって最後の砦《とりで》となったのは、山城《やましろ》の槙島《まきしま》城だ。しかし元亀四年七月十八日、義昭はもろくも降伏。貧乏公卿と兵たちにののしられ、涙を流しながら河内《かわち》へ流された。以後の義昭は「流れ公方」と呼ばれて冴《さ》えない後半生を送るのだが、足利幕府はここに滅び、歴史の歯車は安土・桃山時代へむけて回転を速めるのである。

天下人になれなかった男たち

前節には、足利義昭が助力を求めようとした戦国武将たちの名前がたくさん出てきた。信長は別格として、越後の上杉謙信、越前の朝倉義景、安芸の毛利元就、美濃の斎藤道三。

これに甲信二州の武田信玄、近江北三郡の浅井《あざい》長政、土佐の長宗我《ちょうそか》部《べ》元親《もとちか》、九州六カ国の覇者大友宗麟《そうりん》、南九州の島津義久・義弘兄弟などの名を加えれば、群雄割拠の実態がおぼろ気ながら感じ取れよう。

しかも右に列記した戦国の英雄たちには、ひとつ共通点がある。それはずばり、天下を取れなかったということ。いささか酷な表現をすれば、しょせんは天下人の器ではなかった、ということだ。

それではここから英雄たちの人物各論に移り、なぜかれらが天下を取れなかったかを考えてゆこう。まずは上杉謙信から。

上杉謙信の死因は過労とストレス

謙信は、越府《えつふ》といわれた越後府中（現・新潟県上越市）の春日山城を本拠として越後を統一。天正元年（一五七三）には越中を、同五年には能登の七尾城を陥れて三カ国を領有する有力な分国大名にのし上がった。

「人となり剛毅豁達《かったつ》、少《わか》くして兵略に暁《さと》し。（略）希世之英雄と謂《い》うべきなり」(『北越軍談』)

と高く評価された謙信は、漢詩や和歌にも秀《ひい》でた文武両道の士でもあった。つぎに紹介するのは、天正五年に越中の魚津城まで攻めこんだときの一首。

「武士《もののふ》の鎧の袖《そで》を片敷きて枕に近き初雁の声」

右のような軍事行動から当初の謙信は、越後↓越中↓能登と北国《ほっこく》街道を逆にたどって京に接近し、いずれは足利将軍に代わる天下人たらん、という野望を持っていたものと考えられる。

ちなみに足利政権の下《もと》では、鎌倉公方とその輔佐役の関東管領が関東を支配してきた。だが、伊豆に自立した北条早雲(小田原北条氏初代)は永正十三年(一五一六)には相模も平定。その後、関東のほとんどは小田原北条氏の支配下に入り、弘治三年(一五五七)、関東管領上杉憲政《のりまさ》は越後に亡命。当時まだ長尾姓だった謙信に、上杉家の家督と関東管領職をゆずりたいと申し入れた。

これを受けて上杉姓となった謙信は、関東平定をめざして小田原北条氏と戦いながら北条氏と結んだ信玄とも抗争をくりひろげるに至る。北国街道からの上京の機をうかがいつつ関八州と甲信二カ国をも奪おうというのだから、これは少し欲の皮が突っ張りすぎた。

しかも謙信は遠征につぐ遠征の日々を送るうちに、病気でもないのに次第に痩せていった。あわせて「九十余人」(『松隣夜話』)を手討ちにした血の気の多い男なのに、あまり怒ることもなくなった。

これはお命を細らせつつあるからだ、と正しく見抜いたのは小姓の樋口与六のちの直江兼続《なおえかねつぐ》。その予想通り天正六年三月九日に謙信は厠《かわや》で卒中を起こして倒れ、十三日に息を引き取った。享年四十九。

それにしても謙信は、なぜぽっくりと逝ってしまったのか。

戦国の世は兵農分離以前の時代だから、「雑兵たちの知恵」で見たような雑兵たちには農民もふくまれる。ということは、将たる者が大軍勢を動員して遠征をおこなうのは農閑期にせよ、ということでもある。

田植え時、稲刈りの季節などに農兵をかき集めようとしたりしたら一揆《いっき》が起こるかも知れないし、年貢高が減少して大名家の屋台骨が揺らぎかねない。だから上杉謙信はいつも稲刈りがおわってから関東へ出撃し、翌年の田起こしの季節までに帰国するのをつねとした。謙信が越後と上野《こうずけ》の国境《くにざかい》の三国峠（標高一二四四メートル）を越えた回数については、十二回説と十四回説がある。

対して小田原北条氏およびその息のかかった関東の土豪たちは、きわめて巧みに動いた。

圧倒的に強い上杉軍がやってくると息を潜め、帰国すれば取られた土地を取り返す。これについて私は、「謙信からすれば、果てしなくモグラ叩きをさせられるようなものであった」と評したことがある（『名将がいて、愚者がいた』講談社文庫）。

こうして次第に疲れを体内に溜めこんでいった謙信は、遠征途中に豪雪の三国峠を越えるときも大きな馬上杯から酒を飲んでいたようだ。

過労、ストレス、過度の飲酒癖に由来する脳溢血というのが、かれの真の死因であろう。

それでは、謙信が過労とストレスを溜めこまない方法はあったのか。答えはイエス。そしてこのとき参考になるのは、信長が何度も居城を替えた事実だ。

駿河の今川氏から遠ざかるため尾張の那古屋《なごや》城から清須城へ。美濃の斎藤氏を攻めるため同城から北東の小牧山城へ。美濃を奪って岐阜城へ。ついで、より京に近い安土城へ。

天下取りをサッカーになぞらえるなら、信長というフォワードはゴールを狙うためにポジションを変えるのが大変うまかった。対して謙信は越後の春日山城から越中、能登方面に居城を移すこともなく、関東にしっかりとした城郭を築いて小田原北条氏に対抗しようともしなかった。厩橋《うまやばし》城という関東経営のための前線基地を持ち、ここに城代を置いていたにもかかわらず、だ。

信長と比較しては気の毒かもしれないが、こう眺めてくると謙信はとても天下統一のためにリーダーシップを発揮できるような名将ではなく、ゾーン・ディフェンスに明け暮れたローカルな武将だったといってよい。

しかもまったくハチャメチャなことに、生涯独身だった謙信は景勝《かげかつ》、景虎のふたりを養子として迎えながら、どちらに上杉家の家督を相続させるのかを明言しないまま死んでいった。そこから直江兼続を筆頭とする景勝派と景虎派の間に血で血を洗う争い（御館《おたて》の乱）が起こったことを考えれば、謙信は領国の経営問題、政庁の移転問題、家督相続問題等のすべてにわたって先見性をもたなかった凡将だ、という結論になる。

後継者選びの悲劇、武田信玄

上杉謙信の能力の限界に触れた以上、すでに何度か名前の出た武田信玄にも言及しておきたい。

天文十年（一五四一）六月、父の武田信虎を駿河へ追放して甲州に自立した晴信のちの信玄は、翌年から信州を併合することに意欲を見せた。信虎の同盟者だった諏訪頼重《すわよりしげ》を滅ぼすかと思えば、信濃府中（現・松本市）の林城主小笠原長時、葛尾《かつらお》城主村上義清らを連破したあたりはなかなかのものだ。

信玄には、甲州と信州とを平等に扱おうとした気配も見える。信州の善光寺と瓜ふたつの甲斐善光寺を建立したこと、諏訪頼重の娘に産ませた四男勝頼《かつより》を後継者に指名したことなどはその一例といってよい。

しかし、誤算もあった。越後の上杉謙信が村上義清の加勢依頼に応じて信越両国の国境へ南下をこころみ、両雄は天文二十二年（一五五三）から永禄七年（一五六四）までの丸十二年間に、何と五回も川中島で戦うことになったのだ。

これは、信玄の年齢でいえば三十三歳から四十四歳にかけてであり、武将として、いや人間としてもっとも充実する時期に当たる。信玄も天下に野心があるなら謙信のことはもう少しうまくあしらっておいて、信長のようにせっせと京への足掛かりを築くよう努めるべきだった。

だが、信玄が実際に西上を開始できたのは小田原北条氏と和睦した元亀三年（一五七二）十月のこと。同年十二月、信玄は遠州三方ヶ原《みかたがはら》で徳川家康軍を破ったまではよかったが、翌年四月十二日には陣没してしまった。享年五十三。あきらかに信玄は、天下を取るべく動き出すのが遅すぎたのだ。

さらにかれの第二の誤算は、勝頼が期待したほどの器ではなかったことだ。

妙に強気だった勝頼は先の大戦中の日本軍のように戦線を拡大していった結果、天正三年（一五七五）五月二十一日におこなわれた長篠の合戦（対織田・徳川戦）に惨敗を喫した。信玄・勝頼の二代に仕えた「武田二十四将」のうち九人はすでに死亡していたが、残る十五人のうち七人までが長篠で討死してしまったのだからすさまじい。

しかも勝頼は、長坂釣閑《ちょうかん》、跡部勝資《あとべかつすけ》の側近ふたりに政治をゆだね、ふたりが賄賂で私腹を肥やしているのを咎《とが》めようともしなかった。いわば勝頼には信玄のような求心力とリーダーシップがともに欠落していたのであり、それが武将たちの相次ぐ離反を招いた。木曾福島城主木曾義昌は信長に接近、武田一族の穴山梅雪《あなやまばいせつ》は家康と同盟……。

信長・家康が武田家討伐に踏み切る直前の天正十年(一五八二)初め、すでに勝頼は兵力を七、八千人しか動員できなくなっていた。三方ヶ原の戦いには二万七千人が出動したというのになぜこんな数字になってしまうかというと、武田家の甲信二州の支配の実態はゆるやかな豪族連合でしかなかった。だから豪族（武将）たちが背けば、その家臣団も消えてしまうのだ。

武田勝頼の兵力が、一気に七、八千まで激減してしまったという話のつづき。

これと並行して武田討伐を開始した織田信長・信忠父子は、計十二万の大軍を木曾から伊那谷へ侵入させた。すると、飯田城を守る武田側の兵力五百は、戦わずして逃げ散ってしまった。

その理由を知るには、城を守るには周囲の家を焼きはらって敵兵の潜む余地をなくする、という戦術が一般的だったことを頭に入れておいていただきたい。守兵たちが籠城戦を覚悟して城外を見つめるうちに夜となり、闇の奥には点々と赤い火が明滅するようになった。守兵たちはそれを織田の鉄砲足軽組の構えた鉄砲の火縄の列と思いこみ、抵抗を諦《あきら》めて逃亡したのだ。

しかし、この闇に明滅する赤い火の正体は、実は馬糞にほかならなかった。守兵たちが周辺の家を焼いたときにあたりに落ちていた馬糞も燃え、夜になるとそれが「幽霊の正体見たり枯れ尾花」ではないが、火縄の列であるかのように感じられたのだ。

「馬糞ニ脅《おびやか》サレ、城ヲアケタリ（ト）云《いう》事ハ嘆《なげき》テモ猶余《なおあまり》アリ」

とは、武田側史料『甲乱記』の著者の溜息だ。

高遠《たかとお》城を守っていた弟の仁科盛信も玉砕したと知って勝頼が韮崎《にらさき》の新府城へ兵を引いたとき、その兵力はわずか一千しかいなくなっていた。これでは織田軍と最後の一戦をこころみ、戦場に華と散ることも叶《かな》わない。勝頼は家老職のひとり小山田《おやまだ》信茂の提案に従い、その領地都留《つる》郡に逃れることにした。

だが、馬三百匹、人夫五百人を出せと命じてもだれも出てこない。しかも、やっとのことで都留郡に近づくと、小山田信茂自身が裏切り、関所を作って鉄砲を撃ちかけてきた。

こうして百人ほどしかいなくなってしまった勝頼一行は、三月十一日、田野《たの》の奥に潜んでいたところを織田家の猛将滝川一益《かずます》勢に発見され、万事休した。勝頼の十六歳の長男信勝も同時に自刃《じじん》して武田家はここに滅亡したから、同家は信玄の死後九年間しか保《も》たなかったことになる。

その最大の要因は、信玄が後継者選びを間違えたことだ、と私は思う。もしも信玄が四男勝頼ではなく五男仁科盛信に家督を相続させておけば、供が百人しかいなくなって山奥へ逃げこむなどという情けない最期《さいご》だけは遂げなかったに違いない。

たしかに、盛信の守る高遠城は三月二日に玉砕した。しかし、籠城軍三千のうち雑兵をふくめて二千五百八十余人が討死したのに対し、二十倍に及んだ織田軍のそれは二千七百五十余人（『高遠記集成』）。もしも両軍がまったく同数だったら、前者が勝っていた可能性が高いのだ。

しかも籠城者たちは、明日は決戦と知っても飯田城のようには浮足立たなかった。謡曲や小唄舞の一節を吟じ合って別れの宴《うたげ》とするなど、最後までみごとに団結していた。これは盛信が兵を練るのに長じていたためであり、この人物に全武田軍の指揮を取らせてみたかった、と思うのは私だけではあるまい。

竹中半兵衛の稲葉山城乗っ取り事件

美濃の守護大名土岐《とき》頼芸《よりあき》を追放して同国を奪ったのは、斎藤道三だ。弘治二年（一五五六）、道三は嫡男の義龍と長良川の河畔に戦って敗死。その義龍も永禄四年（一五六一）五月に病死し、斎藤家は十四歳のその子龍興《たつおき》の時代を迎えた。

この龍興も将たる器とはいえなかったが、その駄目さ加減が世に知られたのは永禄七年二月六日に起こった事件によってなので、ここはその事件の主役、竹中半兵衛重治《しげはる》の動きから見てゆく。

半兵衛は道三の時代から斎藤家に仕え、不破郡の岩手城を与えられていた竹中家の当主だった。だが、女のように優しい顔立ちをしている半兵衛はしきたりに疎《うと》く、龍興から馬鹿にされていた。すると龍興を真似《まね》る家臣もめだちはじめ、ある者に至っては半兵衛が稲葉山城へ登城《とじよう》するのを見澄まして櫓《やぐら》の上から小便をひっかけた。

このころ竹中家からは、半兵衛の弟の久作が人質として城に差し出されていた。その久作が病んだと聞いたとき、かれは見舞いと称して登城。同行した家来七人を久作のもとに残して下城し、その日の夕方には長持の列と家来十人を率いて再登城した。長持の中身については久作がお世話になっている方々へのお礼の品でござると説明し、一行はすらりと本丸へ入ってしまった。

ただし、長持の本当の中身は家来十七人分の具足だった。この具足を着用した十七人はあたりを斬ってまわり、半兵衛自身も侍大将という名の足軽組の組頭《くみがしら》を一刀のもとに斬り伏せた。龍興は腰を抜かさんばかりとなって城外へ逃げ出したので、半兵衛は兵力わずか十七人によって稲葉山城を乗っ取ったことになる。

しかし、半兵衛に斎藤家に取って代わろうという意思はまったくなかった。かれは武士として体面を汚されたので、その恥を雪《そそ》いだだけだった。かれは近江へ流れて隠棲し、のちに秀吉に見出《みいだ》されて軍師として生きる道を選んだ。

一方の斎藤龍興は、半兵衛ほか十七人を大軍の来襲と錯覚して城を捨てたのだから、家臣たちから尊敬されるわけがない。永禄十年（一五六七）九月には有力部将だった半兵衛の岳父《がくふ》安藤守就《もりなり》ら「美濃三人衆」に信長に内通され、美濃放棄を余儀なくされた。

信長は「大うつけ」「大たわけ」といわれていた天文二十二年（一五五三）、二十歳にして道三と会見したことがある。長さ三間（約五・五メートル）の朱柄《しゅがら》の槍五百本、弓・鉄砲五百挺《ちょう》に守られてあらわれたその毅然《きぜん》たる姿を見、道三はうなった。

「わしのせがれどもが、あのたわけの門外に馬をつなぐ身となるのは目に見えておる」（『信長公記』大意）

龍興は信長の門前に馬をつなぐどころか美濃を追い出されてしまったのだから、天下に野心を抱《いだ》くどころの騒ぎではなかった。

浅井・朝倉連合の敗因

斎藤龍興が伊勢その他を放浪したあげくに頼ったのは、越前一乗谷の朝倉義景だった。しかし、義景はまもなく織田信長と対立する。そのきっかけは永禄十三年（一五七〇）一月、すでに濃尾二カ国のみならず近江、畿内、伊勢をも領国化していた信長が、盟友徳川家康ほかの諸大名に二月中に上京せよとの触れ状を送ったことにある。これに応じるのは表面的には朝廷と室町幕府に臣従を誓う行為だが、実質的には戦わずして信長に屈服することを意味する。

それが面白くなかった義景は、この触れ状を無視。織田軍十万以上が敦賀《つるが》の東北にある朝倉方の出城《でじろ》金ヶ崎城を囲むうち、情勢は思いがけず信長の絶対不利となった。近江北三郡を領有し、信長の妹で「戦国一の名花」と評判のお市の方を正室としている浅井《あざい》長政が、浅井・朝倉同盟を結んで信長に反旗をひるがえしたのだ。

ちなみに、この時代に「武士は二君に仕えず」という倫理観はまだ生まれていない。藤堂高虎などは家康に仕えるまでに主君を七回も替えて、「主家を七度替えねば真の侍とはいえぬ」とまで豪語した。裏切りを「返り忠」と表現することもあったのは、ある者が武将Aのもとを去ってその敵Bに味方するのはBにとっては忠義な行動だからだ。

そうはいっても、朝倉家討伐のため軍を北上させている間に浅井軍に南から挟撃されては堪《た》まらない。四月二十八日、信長がわずかな供のみをつれて若狭街道から京へ逃れたことは、世に「金ヶ崎の退《の》き口《ぐち》」といわれた。

だが「金ヶ崎の退き口」が奇跡的に成功したのは、まだ木下姓だった秀吉とその兵力二千に負うところが大きかった。その日までに金ヶ崎城を落としていた秀吉は、信長から朱傘の馬印と織田木瓜《もっこう》紋、桐紋、二引両《ふたつひきりよう》紋などの旗と幟《のぼり》をもらい受け、城壁上に林立させて信長の本陣が城内にあるかのように擬装したのだ。秀吉のかっての同僚だった馬印持ち、旗印持ちの雑兵たちの張り切りようが目に見えるようだ。

こうして撤退戦における殿軍《しんがり》の役目をみごとに果たした秀吉は、日が落ちると信長が去った道筋一町（約一〇九メートル）に松明《たいまつ》とかがり火を盛大に点《とも》し、旗と幟も押し立てて大軍がまだ野陣しているかのようにみせかけた。これは「捨てかがり」といい、かがり火の付近には大軍がいるという先入観を逆用して兵力を移動させてしまう戦術だ。
しかも信長が危うかったのはここまでで、二カ月後に起こった浅井・朝倉連合軍一万五千対織田・徳川軍二万八千の近江姉川の合戦は、後者の大勝利におわる。朝倉義景はその後も浅井家の小谷城へ援軍を送るなど抵抗をつづけたものの、次第に部将たちに離反されたところへ信長に越前への乱入を許してしまい、天正元年（一五七三）八月二十日に自刃して果てた。信長がこのとき討ち取った者には斎藤龍興もふくまれており、以後の越前は織田家の領国にくりこまれることになった。

浅井長政と朝倉義景がともに天下人になれなかったのは、長期的戦略眼と決断力に欠けていたからだ。特に浅井長政は小谷城（標高四九五メートル）に籠《こも》るばかりで、織田軍によって南の雲雀《ひばり》山と南西の虎《とら》御前《ごぜ》山にみすみす付城《つけじろ》（前線基地）を造られてしまったことが次第に命取りになっていった。

それにしてもなぜ長政はかくも反応が鈍かったのかといえば、正室お市の方が信長の妹だったため、本心では信長と戦いたくなかったのだ。対して長政の父、久政は朝倉家に好意的であり、浅井・朝倉同盟を成立させたのは久政の意向だったといってよい。

長政と比較すると、信長の行動の素早さはより際立つ。信長は天正元年八月二十日に義景が自刃したと知るや、二十六日には早くも虎御前山を本陣として小谷城攻めを開始したからだ。

小谷城は南の麓《ふもと》から北の山頂にかけて、桜馬場、本丸、中の丸、京極丸などの曲輪《くるわ》を連郭式につらねている。すでに隠居している久政は京極丸、長政・お市の方夫妻は本丸にいると調べ上げた秀吉は、二十七日にまず中の丸を奪取。二十八日には京極丸へ攻めこんで、久政を切腹させた。

ついで本丸の長政と降伏開城の交渉に入ると、長政は父子ともに助命されるのであれば城を出てもよい、などと言い出した（『真書太閤記』）。京極丸は深さ十丈（約三〇・三メートル）もの空堀《からぼり》に囲まれていたため、長政はすでに父が死んだとは知らずにいたのだ。

九月一日、いよいよ降伏することにして百余騎の騎馬武者たちとともに本丸表門を出た長政は、久政づきだった侍の一声によって自分が大錯覚していたことを察知。家老の屋敷へ駆けこみ、父に追腹《おいばら》を切って果てた。久政は年齢不詳、長政は享年二十九。

まず中の丸を占領し、本丸と京極丸を分断することからはじめるべし。秀吉にそう進言した者こそ竹中半兵衛だったことを思うと、半兵衛に追われた斎藤龍興を受け入れた朝倉義景、戦意のないままその義景と結んだ浅井長政には、天運もなければ智略にも欠けるところがあったのではあるまいか。

ちなみに信長が足利義昭を追放して室町幕府を滅ぼしたのは、浅井・朝倉両家の滅亡の一カ月前のこと。わずか一カ月で京都、越前、北近江と琵琶湖の三方を安泰ならしめることに成功した信長は、気をよくして秀吉に浅井家の旧領を与えた。

その秀吉の目から見ると、山城である小谷城にはいくつかの欠点があった。空気が寒冷で冬には積雪が多く、物資を運び上げるのも面倒なことなど。そこで秀吉が注目したのは、琵琶湖の北東の肩口にある今浜だった。北国《ほっこく》街道上にある同地は気候も温暖、陸上・水上からの人と物資の移動にもきわめて便利だ。

こうして秀吉は今浜を長浜と改称し、十二万二千三百石の城下町を造りはじめた。長浜の「長」は、主君信長から一字を頂戴したのだという話は「雑兵たちの知恵」でした。

過去にとらわれた山中鹿介

以上のように眺めてくると、日本の戦国時代は次第に群雄割拠から

「織田・徳川同盟対近隣諸国の敵対勢力」という構図に収束していったことがわかる。しかし、いつの世にも復古主義というものはあり、戦国のそれは滅亡した主家を再興しようという志となってあらわれた。その典型は山中鹿介《しかのすけ》による尼子《あまご》家再興運動なので、以下少々これについて触れておきたい。

出雲に起こり、一時は因幡《いなば》、伯耆《ほうき》、安芸《あき》、石見《いわみ》にまで勢力を振るった尼子家は、安芸の毛利元就によって永禄九年（一五六六）に出雲の本拠地富田《とだ》城を落とされたことから衰運にむかった。尼子十勇士の筆頭だった山中鹿介は、東福寺にいた尼子家所縁《ゆかり》の者を還俗《げんぞく》させて勝久と名乗らせ、同十二年には出雲入りを果たした。だが、元亀元年（一五七〇）には毛利家に敗北。同二年、鹿介自身も「毛利の両川」

のひとり吉川元春の手に捕らわれてしまった。

それでも、鹿介は諦めない。ある夜、赤痢を病んだふりをし、夕方から翌朝にかけて厠《かわや》へ通うこと百七、八十回に及んだ。初め、その姿を注視していた番人も次第に油断。それを見澄ました鹿介は厠の汲《く》み取り口から脱走し、首尾よく勝久と再会して信長を頼った。『武功夜話』によると信長は勝久・鹿介主従を秀吉に預けているから、かれらは一種の客分として対浅井・朝倉戦に参加していたことになる。

尼子衆と総称されたかれらは、天正五年（一五七七）十月、すでに羽柴姓に変わっていた秀吉が中国方面軍の大将として播磨へ出動すると先鋒《せんぽう》としてこれに同行。備前の宇喜多《うきた》直家の持ち城である西播磨作《さ》用《よ》郡の上月《こうづき》城を奪って入城したまではよかったが、次第に孤立の色を深めた。

その理由のひとつは、東備前美嚢《みなき》郡の三木城主別所長治《ながはる》が秀吉に抵抗して籠城戦を開始したため、秀吉に上月城へ援軍を送る余力がなくなったこと。

第二の、もっとも大きな理由は、毛利輝元と両川がこの域の奪還を狙って猛攻を開始したこと。前節で「折り敷く」という姿勢について解説したが、吉川元春がせがれ元長に「一度折り敷いたなら、たとい膝の上に敵の馬が乗り掛けてきたとて動いてはならぬ」と命じさせたのも上月合戦の最中のことだった。

しかも、信長は秀吉に上月城救援を断念し、三木城攻略を優先するよう命じたため、尼子衆は見捨てられた軍団と化した。尼子勝久は、天正六年七月三日に自刃。降伏した鹿介も十七日に斬られ、尼子家再興運動は無残な結果におわったのだ。

なぜこうなってしまったのか、と深く思いを致すと、鹿介の限界が見えてくる。鹿介には「われに七難八苦を与えたまえ」と三日月に祈る習慣があったそうだが、その「七難八苦」は尼子家再興の一里塚ではあっても、天下統一のための過程とは認識されていなかった。過去の再現を求める鹿介は、新時代を切りひらこうという信長とはあまりに違う古い肌合いの武人だったのだ。

野心に欠けた毛利輝元

つぎに、尼子勝久と山中鹿介を滅亡の淵に追いやった毛利家を見る。

もともと毛利家は大内氏に属し、その大内氏は義隆の代に周防《すおう》・長門・安芸・備後《びんご》・石見・豊前《ぶぜん》・筑前の七カ国の守護を兼ねた西国一の権門勢家だった。

しかし大内氏の最期は平氏のそれに似ていて、大内義隆は天文二十年（一五五一）、源義経ならぬ陶晴賢《すえはるかた》に滅ぼされた。その四年後、毛利元就は長男隆元および「毛利の両川」とともに陶晴賢を安芸の厳島《いつくしま》に襲って自殺させ、安芸・周防・長門・石見・出雲の五カ国に覇を唱えるに至った。

その覇業を継いだ隆元は永禄六年（一五六三）、四十一歳にして急死してしまうのだが、家督を相続した元就の孫、輝元は、右の五カ国に備後・隠岐《おき》・伯耆を加え、計八カ国百十二万石の大大名に成り上がった。むろんこれは安芸に輝元の叔父、吉川元春、備後にもうひとりの叔父、小早川隆景が勢威を張っていたためであり、元就の築いた「毛利の両川」体制がいかに有効だったかを示している。

だが、百万石以上の大所帯となって本州の西部を領有した毛利家は、東方にあって急激に領国を拡大してきた信長の兵力と敵対せざるを得ない。

そこで輝元は流れ公方と化した足利義昭を支援したり、大坂の石山本願寺に籠って信長と戦う一向一揆に兵糧を送ったりして戦国の生き残り競争に加わってきた。

輝元が信長と石山本願寺の抗争に容喙《ようかい》することができたのは、小早川家が瀬戸内の海賊衆で「村上水軍」と総称される集団を手足として使っていたためにほかならない。

天正四年（一五七六）七月十三日、軍船《いくさぶね》の中でも八十挺立ての大船と六、七人乗りの小型快速船から成る村上水軍の七、八百隻は、にわかに摂海《せっかい》（現・大阪湾）に出現。木津川口から陸揚げした荷駄を石山本願寺へ運び入れはじめた。

対して織田家の水軍は和泉《いずみ》国の者たちなので「和泉衆」と呼ばれていたが、小型、中型の軍船をふくめても三百隻ほどでしかなかった。同月十五日、両者の間に起こった海戦は「木津川口の海戦」と呼ばれ、信長としては珍しいまでの惨敗となった。和泉衆が弓と鉄砲で戦ったのに対し、村上水軍は「炮録玉《ほうろく》」という織田家には知られていない新兵器を使用したからだ。

炮録玉とは煙硝、硫黄、炭、松脂《まつやに》、樟脳などから成る火薬を炭団《たどん》のように丸めたもののこと。いわば焼夷弾的な爆弾であって、火縄に火を点じたこんなものを投げこまれては軍船は爆沈せざるを得ない。和泉衆の三百隻は数時間のうちにほとんどが炎上焼失する羽目となったから、信長も毛利家の実力のほどを初めて思い知らされたに違いない。

しかし、信長はこんなことで次の一手に困ってしまうような人物ではなかった。

このときの信長と石山本願寺の戦いは「石山合戦」と呼ばれるのだが、その実態は信長軍による包囲戦だった。摂海から物資を入れさせないという意味では海上封鎖でもあったのに、強力な村上水軍の登場により、信長の海上封鎖作戦は元も子もなくなってしまったのだ。

そこで信長が考えたのは、志摩の九鬼《くき》水軍にある知恵を授けて村上水軍に対抗させる、という策だった。その知恵とは、長さ十三間（約二三・七メートル）、幅七間（約一二・七メートル）の巨艦を六隻造らせるというもの。

船体は四角いビルのような総矢倉造り、その四方の壁には矢狭間《やざま》、鉄砲狭間（銃眼）が無数に切られ、大砲や大鉄砲の類《たぐい》さえ発射できる。

しかも、その船体には鉄板が張られ、本邦初の装甲船となるよう注文がつけられた。これは、いざ開戦となれば村上水軍が鉄砲と炮録玉で攻めこんでくることを予期し、これらをすべて鉄板で弾《はじ》き返してしまおうというのだ。

天正六年（一五七八）六月二十六日、これら六隻は和泉の淡輪《たんのわ》沖で石山本願寺の小船の群れを一蹴《いっしゅう》。十一月六日には木津川口で村上水軍に雪辱戦を挑み、六百隻を撃破して信長は制海権を掌握することができた。

これ以降、京坂における毛利輝元の存在感はにわかに薄くなった。それは信長やその中国方面軍の大将として西へ西へと進出していった秀吉と較べ、輝元がいつも後手に回ってばかりいる不甲斐ない主将だったからでもある。

天正九年十月、因幡の鳥取城は秀吉に包囲され、守将である吉川元春の部将で同姓の経家《つねいえ》は籠城者たちの助命を条件として切腹。同十年六月、やはり毛利方の城のひとつ備中高松城は秀吉に水攻めされ、来援の輝元と毛利の両川は二日に信長が非業《ひごう》の死を遂げたことに気づかず五日に秀吉と和睦。

このように眺めると輝元は秀吉によっていつもいいように鼻面《はなづら》を引きまわされており、二流の将にしか見えない。

しかも輝元と両川には、信長や秀吉の備えていたものが決定的に欠けていた。それは、何としても天下をこの手につかんでみせる、という野心にほかならない。

六月五日に秀吉軍が明智光秀と天下を争うべく中国大返しを開始したのを見て、毛利家にも追撃すべしと主張した者がいた。だが、小早川隆景は約束に違反するのは「人道の恥づる所」(『芸侯三家誌』)として、断固これを拒否してしまった。

たしかにこれは美談の一種だが、「権力への意志」という観点からすると、もうひとつ食い足りないものがある。思うに輝元と両川とは、八カ国合計百十二万石の宏大な領土に満足し、心のどこかに「金持ち喧嘩《けんか》せず」という気分を胚胎させていた。

輝元がやがて豊臣体制に繰りこまれ、家康によって防長二州三十七万石へ追いやられてしまうのも、戦国の世をより強く生き抜こうという覇気に欠けていたからではなかったか。

「色とムシカ」に夢中、大友宗麟

安芸に興《おこ》った毛利家が本州最西端の防長二州まで領国化した時点では、当然のことながら北九州の武将たちはこれを敵視するようになった。その代表は大友義鎮《よししげ》、のちの宗麟《そうりん》だ。この人物の面白いところは、世にさきがけて貿易立国を着想した点にある。

豊後の府内城（現・大分県大分市）を本城とした宗麟は、天文二十年（一五五一）にはイエズス会の宣教師ザビエルを招いたばかりか布教も容認。府内のキリシタンの数は、六、七百人に達するまでになった。いずれは宗麟自身も洗礼を受けてドン・フランシスコと称するのだが、宗麟に信仰心が厚かったというわけではない。

当時ポルトガルは、インドのゴアに総督府を置いていた。ザビエルに口を利いてもらってこの総督府から大砲、鉄砲と火薬の原料になる硝石《しょうせき》を輸入したい、と宗麟は考えたのだ。そこで宗麟は、府内の土地の一部をイエズス会に寄進。同会はこれを受けてレンガ造りの孤児院、慈善病院、教会、大神学校《コレジヨ》などを開設したので、府内には洋風の街並みがひろがった。

このように宗麟はキリスト教すら利用しようという男だから、権力者に贈賄することなどお安い御用と考える。天文二十三年、前節に登場済みの「悪御所」足利義輝に鉄砲を贈った宗麟は、その見返りとして肥前国の守護職に就任。その後も黄金百三十両、太刀、青銅ほかを献上しつづけた結果、永禄二年（一五五九）にはこれまでの豊後、筑後、肥前、肥後に加えて豊前、筑前の二カ国、あわせて九州九カ国のうち六カ国の守護職に成り上がったばかりか、日向《ひゅうが》、伊予の各半国も奪って九州探題に指名された。これは将軍に代わって九州全域を支配するという大変な役職だ。

同年のうちに宗麟は府内を外国人商人たちに対して開港したので、明《みん》国やポルトガルの商船が続々とあらわれて豊後府内は極東一の貿易港と化した。湾岸には三階建ての洋館が立ちならび、かれはひとまず貿易立国に成功した珍しい戦国大名となったのだ。明国やポルトガルの商人たちと組んで武備と財力に富んだばかりか、「悪御所」までうまくたらしこんだのは大したものだ。

では、宗麟が「金脈と人脈」を使って中原《ちゅうげん》に鹿を逐《お》うことができたかというと、そうはならなかった。宗麟には、ひとつのことに熱中するとほかには目がいかなくなってしまう傾向があった。

元亀四年（一五七三）七月二十八日をもって年号が天正と改元されたころ、隠居して日向の臼杵《うすき》に引き籠ったかれは、京の遊女や九州各地の踊り子たちを集めて荒淫の日々を送りはじめたのだ。家臣たちも美女を献上することこそ第一の忠義とするありさまだったため、宗麟は図に乗って伯父の妻まで奪って左のような落書の種にされた。

「人の妻も義鎮《よししげ》しげと召さるれば世間の者は落ち切りて居る」

「義鎮しげ」は、宗麟の諱《いみな》「義鎮」と「しげしげ」の掛詞《かけことば》。「落ち切りて居る」は、うんざりしているという意味だ。

大友宗麟の乱れきった暮らしぶりについては、かつて描いたことがあるのでそれを引いてみる。

「天正三年（一五七五）にはポルトガル籍の巨大な帆船が臼杵浦に入港し（略）、宗麟に虎、象、孔雀《くじやく》などを献上したため、臼杵は祇園《ぎおん》会《え》の博多以上の大にぎわいとなった。

これらの珍獣にもまして宗麟が気に入ったのは、チェンバロ、ハープ、リウト、ラベイカ、ヴィオラ、手風琴などによる西洋音楽の演奏であった。リウトはマンドリン型、ラベイカはヴァイオリン型の中世楽器である。日向の可愛岳《えのだけ》の一画が武志加《むしか》と呼ばれるようになったのも、宗麟のムシカ（ミュージック）狂いに由来する」（「雷を斬った男」、『跡を濁さず　家老列伝』文春文庫）

宗麟の場合は「色と欲」ではなく「色とムシカ」に狂ってしまったわけだが、家中《かちゅう》が乱れる結果を招いたのは大方の予想通り。同年八月以降、薩摩《さつま》、大隅二カ国の兵を率いた島津義久、肥前佐賀の龍造寺隆信、その配下の鍋島直茂ほかが反大友同盟を結んだかのように攻め寄せてきて、宗麟は美女と共寝を楽しむどころではなくなった。

これまで大友家を支えてきた名将立花道雪《どうせつ》は、天正十三年九月、島津軍と戦ううちに陣没。もうひとりの名将高橋紹運《じょううん》も翌年七月、島津軍の押し寄せた岩屋城に自刃し、十五年には宗麟自身が上京してすでに天下人となっていた秀吉に何とかしてほしいと泣きつく始末（同年、病没）。

情けないとはこのことだが、おかげでようやく豊後一国を安堵《あんど》されたその長男義統《よしむね》はさらにみっともなかった。義統は文禄《ぶんろく》の役がはじまって朝鮮へ渡海していた文禄二年（一五九三）、平壌の戦いにおいて朝鮮側に来援した明国の大軍に気づくや、友軍の小西行長勢を助けることなく漢城（現・ソウル）に兵を引いてしまったのだ。

この時代の勇者は武辺者《ぶへんしゃ》といわれ、かつて弓矢の道、つわものの道などと呼ばれていた武士道は、まだ武士道とはいわれずに武辺道ということばでイメージされていた。戦場に出たというのに敵と槍を合わせることもなく、風を食らって逃げ出すとは武辺道に背く行為以外の何ものでもない。

激怒した秀吉は義統から豊後を召し上げ、すでに臣従していた毛利輝元に命じて山口に幽閉させた。一時は九州のうち六カ国と日向、伊予の各半国をも領有した有力大名大友家はここに滅んだわけだが、洗礼名をコンスタンチノといった義統は、オタンチンドノと改名した方がいいのではないか、といいたくなる後半生を生きていった。

慶長五年（一六〇〇）、関ヶ原の合戦に際しては西軍に味方し、東軍の黒田官兵衛に敗北。出羽《でわ》秋田の秋田実季《さねすえ》に預けられ、同七年、実季の常陸宍戸《ひたちししど》転封に従い、同十年七月、配所の内に没。

大友家の弱体化に並行して強大化したのは、薩摩の島津家だった。だが、この島津家にしても信長―秀吉―家康とつづく天下人の系譜には割って入れなかったから、西国筋すなわち中国地方から九州にかけて天下人となり得る人物はついにあらわれなかった、といってよい。

今川家の没落

これまでの記述で、大友宗麟・義統がとても名将とはいえない父子だったことがおわかりいただけたと思う。

ところが目を関東にむけると、もうひとりかなりのオバカサンがいた。今川義元のせがれ氏真《うじざね》だ。

義元が駿河・遠江《とおとうみ》・三河の三カ国を領有して「東海一の弓取り」といわれた大大名だったにもかかわらず、永禄三年（一五六〇）五月、桶狭間の合戦で信長に討たれたことは周知の通り。ただし、当時の信長に右の三カ国まで攻め寄せるだけの兵力はなかったため、義元から今川家を相続した氏真は駿遠三《すんえんさん》の三カ国を領有しつづけることができた。

しかし、文弱の徒で得意なのは和歌と蹴鞠《けまり》だけという氏真に大国の経営などできるわけがない。それに目をつけた今川家の部将松平元康は、次第に今川家から離れて永禄五年には信長と同盟。その翌年七月には氏真と絶交し、その名も家康と改めた（徳川改姓は永禄九年）。元康の「元」は今川義元の一字を与えられたものであり、これまで今川家から何かと忍従を強《し》いられてきた家康は、氏真と絶交すると同時に「元」の字まで突っ返してみせたのだ。

永禄七年、家康は三河の一向一揆を鎮圧することにより、三河一国を領有する国持ち大名となった。氏真の領国は駿遠二カ国のみとなったわけだが、同十一年十二月には武田信玄が六万の大軍を率いて駿河国に侵攻してきた。

西からは信長と同盟する家康、東からは信玄。さてどうするか、と本陣を置いた興津の清見寺《せいけんじ》で会議をひらいた氏真の家老衆・親類衆二十一人は、歴史的にきわめて珍しい結論にたどりついた。

「亡き義元の敵信長と結んだ家康に取られるよりも、信玄に取られた方がましだ」

として、駿河を放棄することに決めたのだ。これは、尖閣諸島を中国に取られるのは嫌だから台湾にわたしてしまえ、というようなもの。しかもその会議中、清見寺の裏山には武田の騎馬武者五百騎がすでに整列していた。これらが一斉に鯨波《とき》の声を挙げると、氏真と旗本たちはびっくり仰天。武具を捨て、馬に乗ることも忘れて駿府《すんぷ》の館へ逃げ走った。このとき三十二歳だった氏真に至っては、

「われを助けよ、われを助けよ」

と叫びつづけていた、と書いたものがあるところをみると、よほど軟弱な男だったのだろう。

武田軍が駿府に迫ると氏真はさらに西へ走り、駿河と遠江の国境《くにざかい》に近い土岐《とき》の山中に潜んだ。興津―駿府間は三里三十二町、駿府―土岐

間は八里の道のりだから、氏真は一日にして十一里三十二町、メートル法に直すと四七キロ近くを走ったわけで、私がもしも同時代人だったらこうたずねてみたかった。

「そんなに体力があるのなら、戦ってもよかったんじゃないですか」

ともかくこうして今川家は空中分解し、信玄も歴史の舞台から退場すると、駿遠三の三カ国は家康の領有するところとなったのだった。

夢は天下統一

武士たちが和歌や連歌を好んだのは一族の団結を図ったり、合戦前に神仏と交流したり、他国と交渉したりするには武道とともに歌道に習熟しておく必要があったからだという（小川剛生『武士はなぜ歌を詠むか』）。

辞世には連歌より和歌の方が適するだろうが、私は蒲生氏郷《がもううじさと》のそれが戦国武将の遺《のこ》した辞世のうちの最高の作だと信じている。

「限りあれば吹かねど花は散るものを心短き春の山風」

信長・秀吉の二代に仕えた氏郷は、秀吉が天正十八年（一五九〇）に小田原の北条氏を滅ぼしたあと奥州会津に封じられ、城下町の地名を黒川から若松（現・福島県会津若松市）と改めたことで知られる。

しかし氏郷にとって、会津の領主となることはうれしいことではなかった。会津は京都からあまりに遠く、ふたたび本能寺の変のような大変動が起こって天下が乱れたときにも、その乱れに乗じて天下を掌握することはとてもできない、と感じられたからだ。

このエピソードは、右のような美しい辞世を詠《よ》んだ氏郷にせよ、明智光秀とおなじく天下取りの夢を持っていたことを物語る。それでは「われこそ天下人たらん」という夢は、いつごろから戦国武将たちの胸にめばえたのか。

前節で眺めたように、越後の上杉謙信、甲州の武田信玄、中国地方の毛利輝元、九州の大友宗麟などは天下人たりうる器ではなかった。かれらはそれぞれの領土の拡大に努めはしたものの、基本的には地方大名でしかなかった。いいかえればかれらは、「いずれ天下人となる自分」をイメージすることのできるタイプではなかった、といってよい。

これに対して早くから天下を意識したのは、やはり織田信長だ。尾張の信長が美濃を併合したのは永禄十年（一五六七）九月のことだが、かれは居城を尾張の小牧山城から美濃の稲葉山城改め岐阜城へ移してすぐ「天下布武」の朱印を使いはじめた。これは「天下に武を布《し》く」であり、日本全国を武力によって統一するという意思の表明でもある。

岐阜という地名にしても、中国古代の周王朝の武王が岐山に拠《よ》って天下を平定した故事にちなんだものだから、この年三十四歳の信長はすでに天下に野望を抱いていたことがわかるのだ。そのことは、翌年に信長が付句《つけく》(下の句のこと)をつけた連歌によっても裏づけられる。

信長が室町幕府最後の将軍足利義昭を従えて入京し、東寺を宿舎とすると、連歌師紹巴《じょうは》が台に祝儀の扇二本を据えてかれに捧げながら連歌の前句(上の句)を詠みかけた。

「二本手に入る今日の悦《よろこ》び」

「二本」が「日本」を掛けているのはいうまでもない。信長は満足して、付句を詠んだ。

「舞い遊ぶ千代《ちよ》万代《よろずよ》の扇にて」

これは『信長記《しんちょうき》』の伝えるところだが、ちょっとしゃれた話ではないか。

戦上手な信長

信長が九鬼水軍に本邦初の鉄張りの巨艦を造らせたことにはすでに触れたので、ここでは陸戦に発揮された独創性を眺めてみよう。

まだ尾張国を統一する前の永禄元年（一五五八）春、二十五歳の信長は清須城から南南西へ一里足らず、岩倉城を本拠地とする同族の織田信賢《のぶかた》を攻めた。平城《ひらじろ》である岩倉城の規模は、メートル法でいうと一七一メートル掛ける九一メートル、坪数にして四七〇〇余坪と、そう大したものではない。

その周辺の町屋に放火し、岩倉城を裸城《はだかじろ》にしてしまった信長は、つぎのような作戦を実行して勝利を挙げた。

「四方に二重、三重に丈夫な鹿垣《ししがき》を結いまわして見張りをたて、二、三カ月これを包囲して逃れようとする者には矢や鉄砲を撃ちこんだ」(『信長公記』大意)

信長は若くして、敵の城を鹿垣で囲んでしまってからじっくりと料理する戦術を好んだのだ。十一年後の永禄十二年八月二十八日から十月三日までつづいた伊勢の大河内《おおこうち》城攻め(対北畠家戦)に際しては、ふたたびおなじ戦術が採用された。

大河内城の規模は「三五〇m×三〇〇m」(『図説中世城郭事典』二)。これを四角く二重三重に囲んだ鹿垣は、もっとも内側のそれで

も少なくとも延べにして一三〇〇メートルはあった計算だ。城内には飢餓が起こって降伏開城となったから、

「兵を死傷させる事なく勝ちを得るには、敵の本拠地を柵で囲んでしまうに限る」

と信長は確信したのではあるまいか。

この戦術の第三の成功例としては、天正二年（一五七四）七月の伊勢長島の一向一揆討伐戦を挙げることができる。長島は木曾川、長良川、揖斐《いび》川が北から南へ流れて何度も流路を変えた地帯であり、入り組んだ地形の中にたくさんの島が出来て城砦化されていた。

九鬼水軍を使ってこれらの城砦と戦った信長がこれまでと違っていたのは、籠城者たちが降伏を申し入れてもこれを認めなかったことだ

った。信長は仏教が大嫌いだったから、一向一揆との戦いとなるとにわかに残虐な行為に走るのだ。

八月二日、大鳥居の砦から逃れようとした男女一千は斬られ、中江、屋長島の城砦に籠った男女二万は柵に取りこめられた末に焼き殺された。『信長公記』が「柵」を「尺《さく》」と表記するのは当時の用法だが、織田軍の中には「尺限廻番衆《さくきわ》」と名づけられた一団すらあった。柵を監視し、籠城者たちが逃げ出そうとすればこれを討つことを任務とした兵たちだ。

つづけてその翌年五月二十一日に起こった長篠の戦いについては、私たちは高校の日本史の授業でこう教えられた。

「(信長は)一五七五(天正三)年、三河の長篠合戦では鉄砲隊をた

くみに利用した新戦術で武田勝頼の軍に大勝した」（『新・詳説日本史』山川出版社）

このような要約は、ものの半面しか見ていない。

長篠の合戦の特徴は、ふたつある。織田・徳川軍が鉄砲を三千挺用意したばかりか、この三千挺を「一度に放たず、千挺づつ」発射するようにしたこと（『織田軍記』）。そして南北に長い横陣を築き上げると、その東側に三段ぞなえの馬防柵を立てたこと。

『新・詳説日本史』はこの馬防柵を無視しているが、「鉄砲プラス馬防柵」をワンセットと考えないと信長の工夫を正確には把握できない。

信長は長篠へ出動すべく三万の兵力を率いて岐阜城を出発する前から、兵たちには柵木一本と縄一把《いちわ》を持参せよ、と通達していた。この柵木と縄によって馬防柵が造られ、武田の騎馬武者たちの突入を封じることに成功するわけだが、岩倉城攻め、大河内城攻め、伊勢長島の一向一揆討伐戦と順序立てて眺めてくると、あることに気づく。

こういえば、もうおわかりの人も多かろう。長篠の馬防柵とは、右の三つの合戦では二重、三重の鹿垣ないし柵で回の字形に敵城を包囲した点を三本の直線に改めたものだったのだ。長篠の三重の馬防柵はそれぞれが、約一五〇〇～一六〇〇メートルの長さだったことが知られているが、すでに述べたように大河内城を囲んだもっとも内側の柵の延べの長さは少なくとも一三〇〇メートル。

ならばその外側の柵の長さは一五〇〇～一六〇〇メートルと考えてよかろうから、織田家の雑兵たちにとって馬防柵を築く作業などは

「お茶の子さいさい」だったに違いない。その結果、武田勝頼は兵力一万を一気に喪失し、ついに再起できない状態に追いこまれていったのだ。

ちと話を飛ばすと、鹿垣や馬防柵によって味方の損害を最小限に止《とど》めつつ敵を打ちのめす、という信長考案の作戦を受けついだのは秀吉にほかならなかった。秀吉が生涯自慢した合戦といえば、つぎの三つを挙げることができる。

①天正六年（一五七八）の「三木の干し殺し」（播州三木城攻め）
②天正九年の「鳥取の餲《かつやか》し殺し」（鳥取城攻め）
③天正十年の「高松の水攻め」（備中高松城攻め）

すべて城側の食料供給ルートを切断してしまうことによって勝ちを

得た持久戦だが、包囲して隙があれば鉄砲を撃ちこみ、城内からの脱出を断じて許さない、という手法には信長に学んだ跡が感じられる。備中高松城に押し寄せた水の壁は、守兵たちに馬防柵以上の圧迫感を与えただろう。

城造りにしてもそうだ。信長はもう少し長生きしていれば安土城を捨て、石山本願寺の跡地に大坂城を建立して中国、四国、九州攻めに取りかかっただろう。その場合、摂海（大阪湾）が日本最大の軍港であると同時に東洋一の貿易港になることも夢ではなかった。

秀吉がのちに天下人の城として大坂城を建造したのは、秀吉自身のアイデアではない。その時々の政治的状況によってもっとも都合のよい土地に本拠地となる城を築くという信長の発想に従ったもので、①

から③の戦いといいこれといい、秀吉が信長のＤＮＡを意識的に取りこみつつ自分を高めていったことはあきらかだ。

分国のミリタリズム

信長は天下統一の志なかばにして倒れたので、どのような国造りをしようとしていたかは永遠の謎になってしまった。ただし、生前の行動から類推してつぎのようなことはいえる。

信長は天正六年（一五七八）四月、不意にそれまでの右大臣と右近《うこん》衛大将《えのたいしょう》の両職を辞任しているから、平清盛のように太政大臣として国家の実権を握ろうとは思っていなかった。また足利幕府を滅ぼしても将軍になろうとはしていないから、織田幕府が成立する可能性もなかった。他方、天皇家に対しては悪意をあらわにしてはいないので、平将門《まさかど》のように、自分の支配地において「新皇」と自称することも考えてはいなかっただろう。

要するに信長がどのような国造りをめざしていたかははっきりしないのだが、ひとつだけいえることがある。それは「天下布武」ということばが示すように、信長は強力なミリタリズム（軍国主義）を志向していた、ということだ。

一方、鎌倉幕府の制度下では守護・地頭が地方権力を握ってしまい、室町時代になると、すでにみたように将軍謀殺をためらわない守護大名まであらわれた。信長が織田幕府をひらこうと思わなかったのは、足利幕府の二の舞いになる危険を感じたからでもあっただろう。

思うに信長は自分自身を絶対的なトップとした上で、日本諸州を自分に忠実であり武に長じた男たちに分割統治させようとしていた。これは信長を連合艦隊の司令長官とすれば、その下に第一、第二、第三などの諸艦隊があり、それぞれに司令官が任じられる形式に似ている。

信長に仕えて領国を与えられた武将たちは、分国大名と呼ばれた。この分国大名たちこそ司令官なのだが、これらの男たちは隣国に封じられた者と協力して敵と戦うこともあるため、仮に方面軍と呼ばれる場合がある。信長の死の直前には、以下のような方面軍が存在していたと考えてよい（カッコ内は司令官）。

東国方面軍（滝川一益）、北国《ほっこく》方面軍（柴田勝家）、中国方面軍（羽柴秀吉）、畿内方面軍（明智光秀）、四国方面軍（織田信孝）、濃尾甲

信方面軍（織田信忠）、北伊勢その他（織田信雄《のぶかつ》）。

しかし、分国大名兼司令官となったからといって、気を抜くことは許されなかった。それぞれの司令官には与力《よりき》としてこれに協力すべき部将たちが付属し、互いの行動をチェックしつつ切磋琢磨することが求められた。たとえば柴田勝家は越前八郡を支配する北ノ庄城主であったが、おなじ越前には府中三人衆と総称される前田利家《としいえ》、佐々成政《さっさなりまさ》、不破《ふわ》光治《みつはる》が三人あわせて十万石格で置かれ、それぞれが勝手な軍事行動を起こすことなどは断じて許されなかった。

これは組織を活性化してダイナミックに動かすにはよい仕組みだったように感じられるが、信長の特徴は自分のことばに反論しようとする者、創意工夫のない者なども厳しくチェックした点にある。

佐久間信盛といえば信長の古参の家臣であり、一時代後なら家老と呼ばれる立場にあった。信長がこの信盛を満座の中で怒鳴りつけたのは、天正元年（一五七三）八月十三日のこと。浅井家応援のため近江の小谷城近くに布陣していた朝倉軍一万五千が兵力五百のみを残して越前へ逃げ帰ろうとしたため、信長が兵力二万によってこれを追跡中の出来事だった。

このとき、どうしたわけか柴田勝家、丹羽長秀、佐久間信盛、羽柴秀吉らの先鋒諸将は、乗馬得意の信長に追い越されてしまった。慌てた諸将が信長の身を休めた木之本宿の浄信寺に駆けこむと、信長は不快気に告げた。

「油断して遅れるとは、卑怯曲事《くせごと》なるぞ」(『信長公記』大意)
「曲事」とは信長のよく使うことばで、「けしからん事」という意味だ。面目次第もござりません、と諸将が詫びを入れたのに対し、信盛だけはことばを返した。
「さよう仰せられましょうと、いずれの大名家にもわれらほどの者はおらぬのではござりますまいか」(同)
信長は、激怒して信盛を叱りつけた。
「その方、おのれの男ぶりを自慢いたす気か。それは、なにをもってのことか。片腹痛き申しようとはこのことだ」(同)
その後、越前に乱入して府中の竜門寺を本陣とした信長のもとへは朝倉義景の家臣たちが毎日百人、二百人と捕縛されて連行されてきた。

信長が八つ当たりのようにこれらの者を小姓たちに斬首させたことは、「目も当てられなかった」（同）と記録されたほど。

しかも信長には妙に執念深いところがあり、天正四年から八年まで佐久間信盛が石山本願寺攻めの司令官、そのせがれ信栄《のぶひで》が副司令官として天王寺城に入っていた間も、この父子の勤務評定を怠らなかった。この足掛け五年の間、信長が気に入らなかったのは、父子がまったく攻勢に出ようとしなかったこと。そこで八年八月中に大坂へあらわれた信長は、次のような「覚《おぼえ》」十九カ条を父子に突きつけた。

——五年間、何の働きもないとはどういうことだ。丹波を平定した明智光秀、数カ国を切り取った羽柴秀吉、越前一国を与えたのにさらに手柄を立てようとしている柴田勝家らをよく見よ。

その十一条目で木之本宿の浄信寺における口答え一件に言及したのが信長らしいところだが、最後の二カ条はさらに強烈だった。

――どこかの敵を討ち、恥を雪《そそ》いで帰参するか、討死するかどちらかを選べ。

――父子そろって頭を剃《そ》り、高野山へ入れ。

最後には駄目押しのように、この二カ条を実行してみろ、それを了解しがたいというのなら二度と許さぬ、とあったから信盛父子は顔面蒼白になったに違いない。ただちに父子は高野山に入り、あまりの衝撃のためか信盛は天正十年一月二十四日に死亡してしまった。

信長がこういう恐怖政治をしなければ、明智光秀もあえて主殺しに走ろうとは思わなかったのではあるまいか。

安国寺恵瓊《あんこくじえけい》といえば、毛利家の使僧《しそう》（外交僧）として知られる。短《たん》躯《く》なのに妙に頭の大きかったこの人物は、出家して間もないときの名前から「鉢びらきの正慶《しょうけい》小僧」と渾名《あだな》されていた。その恵瓊のことばとしてきわめて有名なのは、天正元年（一五七三）に信長が浅井・朝倉両家を滅ぼした直後の予言だろう。

「信長の代五年、三年は持たるべく候。（略）左候《さそうらい》てのち、高ころびにあをのけにころばれ候ずると見え申し候」（「吉川家文書」同年十二月十二日の項、原文は一部漢文）

「高ころび」とは、もんどりうって転倒すること。信長は怒濤《どとう》の勢いで擡頭《たいとう》しつつあるから、しくじるときもさぞや勢いよく転倒するだろう、というのだ。そういえば最近の政界には勢いもないのに高ころびしそうなセンセイが目立つが、恵瓊のこの予言は九年後に本能寺の変が起こったことで図星となった。

では一体、信長は海陸双方で新戦術を編み出し、分国の統治システムを作り上げることにも神経を使っていたというのになぜ高ころびに転んだのか。それは伊勢長島の一向一揆二万人の焼殺《しようさつ》、越前における大虐殺、佐久間信盛父子の追放などに見るように、あまりに非情すぎたためではなかったか。

明智光秀が裏切り、主殺しに踏み切った理由としても、信長の非情性をつくづくと感じて自分の将来に対して絶望を感じたため、とする谷口克広氏の説には強い説得力がある。ヒストリカル・イフ（歴史上のもしも）は論じても仕方ないこととされているが、もしも信長が秀吉のように人をうまく持ち上げて使うことに巧みだったり、家康のように慎重の上にも慎重だったりすれば、その後の歴史はどうなっていたかわからない。

本能寺後、光秀の十三日間

さて、その明智光秀は「三日天下」でしかなかったものの、一応は天下人になったものとみなして取り上げてみよう。

光秀は畿内方面軍の司令官であり、近江坂本城の城主でもあった。その与力たるべき部将としては丹後の長岡藤孝（のち細川姓）、大和の筒井順慶などがおり、光秀は天正八年（一五八〇）八月には信長から丹波一国をも与えられた。以後の光秀は、安土城―坂本城―丹波亀山城を結ぶ線上を移動しつつ生きていったというわけだ。
信長がその光秀に、長岡藤孝や摂津の池田恒興《つねおき》とともに備中高松城を水攻め中の秀吉に加勢せよ、と命じたのは天正九年五月十五日のこと。二十六日に亀山城に入った光秀は、翌日には山城と丹波の国境《くにざかい》の愛宕《あたご》神社で連歌師紹巴らと連歌の会をひらき、
「ときは今あめが下知る五月哉」(『信長公記』)
と発句を詠んだ。明智氏は美濃の土岐氏の流れなので、この発句は「ついに土岐氏が天下を取る」という意味だ、といわれているが、こんな解釈は通俗的にすぎる。信長にこの発句を知られ、天下に野望ありと見破られたら高野山へ追放されるだけでは済まなくなってしまう

ではないか。

その信長が、京における宿舎本能寺へ入ったのは天正十年（一五八二）五月二十九日のこと。信長は三月中に武田勝頼を滅ぼすことに成功、四月にはみずから甲州入りしてそれを確認してきたので、朝廷にその旨を奏上しようとしていたのだ。

対してなおも丹波亀山城に滞在中だった明智光秀は、六月一日、明智秀満ら重臣五人に対し、信長を襲撃したいと思う、と打ちあけた（『信長公記』『信長記』『川角太閤記』）。上京した信長は東国平定がおわったことに安堵し、その安堵が油断につながったのか小姓たち七、八十人を従えたのみ。別途、二条御所に入った長男信忠もわずか五百の兵力だったから、勝算われにあり、と光秀は腕を撫《ぶ》したに違いない。

本来、備中高松へむかうべきところ、西へ取って返した明智軍の兵力は一万三千。二日の夜明けに起こった本能寺の変はよく知られた史実なので記述を割愛するが、にわかに事実上の天下人となった光秀を待っていたのは誤算に次ぐ誤算でしかなかった。

畿内方面軍から中国方面増援軍へと変化する途中の明智軍には、丹後の長岡藤孝、大和の筒井順慶、摂津の池田恒興が与力大名として合流するはずだった。だから自分が天下人になったと知れば、これらの者たちも部将として協力してくれるに違いない。光秀がそう期待してまず長岡藤孝に連絡をとったところ、藤孝は予想外の行動に出た。かれは三日のうちに剃髪、隠居して幽斎と号したかと思うと、家督をゆずった忠興《ただおき》には光秀の娘である正室お玉（ガラシャ）を幽閉させ、父子そろって光秀とは義絶する、と宣言してみせたのだ。

しかも幽斎は、前もって秀吉を司令官とする中国方面軍に凶事発生を急報することをためらわなかった。西播州の三木城在番だった秀吉の部将前野長康のもとへは、二日亥《い》の刻（午後十時）に早くも飛報到着。それが姫路の西方四里、竜野城在番の蜂須賀《はちすか》正勝に報じられると、正勝の使いは三日の卯《う》の刻（午前六時）に西へ出発、同日亥の刻には備中高松布陣の秀吉のもとへ駆けこんだ。

この使いは三十里およそ一二〇キロの道のりを十六時間で走破してみせた計算だが、二日の夜明けの出来事が三日夜には早くも秀吉に知られていたとは、光秀も想像できなかったに違いない。さらに、信長の死を知って取り乱した秀吉に対し、軍師格の黒田官兵衛孝高《よしたか》がきわ

めて冷静に助言してみせたのも光秀には計算外のことだったたろう。いわく、

「君を弑逆《しいぎゃく》いたしした逆臣明智光秀を討って、あまねく天下を掌握なさいませ」

この瞬間、秀吉は悪い夢から醒《さ》めたように、光秀追討の主役の座に躍り出る腹を固めたのだった。その秀吉が中国大返しを開始するのは、五日早朝からのこと。そのころ光秀の誤算はなおもつづき、筒井順慶も池田恒興も動かず自軍が洛中に孤立しつつあることがはっきりしてきた。

中国大返しというと、羽柴秀吉軍はひたすら山陽道を西へ取って返したと思いこんでいるむきがあるようだ。だが、そうではない。秀吉

と蜂須賀正勝ら十六人のみは備前岡山に近い伊部《いんべ》浦から早船に乗りこんで赤穂岬までの海上六里を航海。同地の船宿には六月六日の甲《さる》の刻（午後四時）にころがりこみ、秀吉は三木城から来会した前野長康に京坂方面の状況を報じられた。

——丹後の長岡藤孝・忠興父子は、明智光秀の加勢依頼を拒否。

——摂津の池田恒興らは、判断を保留中。

——四国攻めのため大坂から渡海する直前だった信長の三男神戸《かんべ》信孝、その与力の丹羽長秀らは凶報に愕然《がくぜん》としてなすすべを知らず。

——大和郡山城主筒井順慶は、光秀につくかも知れないが毅然として対処すればこちらに膝を屈するはず。

前野長康は、明智軍の動向も伝えた上で自身の判断を秀吉に披露してみせた。

――長浜は明智の手に落ちた模様、佐和山にも明智軍が布陣したが、安土城二の丸留守居役の蒲生賢秀《がもうかたひで》・氏郷《うじさと》父子は光秀の降伏の誘いに乗らずに籠城中。以上のような形勢を見れば、まずは摂津尼ヶ崎城主池田恒興および摂津の諸将に協力を求めるべきかと。

恒興は信長の乳《ち》兄弟なので、おなじ摂津の高槻城主高山右近、茨木城主中川清秀らとは格が違う。だから恒興が秀吉に味方すれば、これら諸将も行動をともにするだろう、という読み筋だ。

これを聞いた秀吉は、素早く手を打った。前野長康と蜂須賀正勝の手勢五百人が集まってくるや、あけて七日にはこの面々を一気に尼ヶ崎城へ走らせることにしたのだ。

ついで八日、秀吉は赤穂―姫路間の七里半を移動して姫路城内に休息した。備中高松―姫路城内は十七里半、約七〇キロだが、姫路―尼ヶ崎間は二十里強、八〇キロ以上ある。九日未明から再開された中国大返しの一番手、秀吉の弟の羽柴秀長の尼ヶ崎到着は十一日子《ね》の刻（午前零時）のこと。秀吉本軍一万二千あまりは同日の明け方までに尼ヶ崎入りすることができた。

このような流れの中での最大の功労者は、前野長康と蜂須賀正勝に違いない。ふたりは八日の夜明け前に尼ヶ崎入りして池田恒興に会見。喜んで加勢するとの返答を引き出したばかりか、高山右近、中川清秀らにも行動をともにさせるとの確約を得ていたのだ。ほかには神戸信孝と丹羽長秀も秀吉軍に参加したため、総兵力は三万二千にふくれあがった。

対して、本能寺と二条御所に攻めこんだ明智軍のそれは、一万三千。七千の兵力を持つ筒井順慶が秀吉軍の急接近に驚いて光秀に味方するのを中止したため、その後も募兵をつづけたものの兵力はようやく一万六千に達しただけだった。光秀はにわか仕立ての兵をふくむこの一万六千の兵力で、われに倍する百戦錬磨の精兵《せいびょう》たちと戦う羽目になったのだ。

ナンデコウナルノ、と光秀は頭をかきむしりたくなったのではあるまいか。

秀吉軍は六月十二日のうちに、茨木を経て摂津国島上郡の富田《とんだ》村へ進出した。ここまでくれば、京の町はおなじ郡内の山崎をはさんで北東へわずか五里にすぎない。

しかし、淀川が流れ京街道の走る山崎は、昔から武士たちに激戦を強いる地形であった。淀川西岸に天王山（標高二七〇メートル）、おなじく東岸に石清水八幡宮を見るこの地は京の咽喉部《いんこう》にあたり、南北朝の時代から京を守る兵力と摂津から京をうかがう者たちとはここで激突してきた、という歴史がある。それは明智光秀も先刻承知、秀吉軍にみすみす天王山を北へ越えられてしまってはたまらないから山崎に出兵せざるを得なくなった。

こうして、十三日の夕方にはじまったのが山崎の合戦。明智軍はもろくも敗れて総崩れとなり、光秀が山崎の北の勝竜寺城《しょうりゅうじ》へ引いたときに同行した兵力は七百騎しかいなくなっていた。しかも、勝竜寺城の面積は「五〇〇m×五〇〇m」(『図説中世城郭事典』一)。ここを七百騎で守ろうとしたところで、三万二千もの大軍に殺到されてはひとたまりもない。そこで光秀の側近たちは、近江の坂本城へ引き揚げることを進言。光秀もこれに同意し、十三日亥《い》の刻(午後十時)に勝竜寺城から立ちのいた。

さて、ここで見ておきたいのは、山崎の合戦の勝利を確信したときの秀吉の動きだ。秀吉が一気に勝竜寺城へ攻めこまなかったことは史実の示す通りだが、この日の秀吉のことばを紹介した軍記物もある。いわく、

「今日ノ合戦思ヒノ儘《まま》ニ勝利ヲ得、此上《このうえ》ハ勝過《かちすぎ》ザルコソ軍法ノ秘伝

ナレ」（『明智軍記』）

こういって秀吉はその夜は山崎から動かなかったというのだが、これはなかなか含蓄のある言動だ。すでに見たように、安国寺恵瓊は天正元年（一五七三）の時点で信長はいずれ「高ころびにあをのけにころばれ候ずる」と予言し、それから九年後に信長は本当に横死してしまったのだ。いわば信長は勝ちすぎたがゆえに身を滅ぼしたのであり、秀吉はそのことを膚《はだ》で感じていたのだろうか、勝ちすぎないことこそ「軍法ノ秘伝」だと自覚していたというのだ。

そして光秀は、秀吉に追跡されたわけでもないのに自滅して果てた。勝竜寺城を出て北淀、伏見の裏道をゆくうちにその側近たちは次第に落伍し、残ったのは雑兵をふくめて三十騎あまりしかいなくなっていた。

宇治郡の小栗栖《おぐるす》に差しかかったのは、十四日の丑《うし》の刻（午前二時）のこと。すでに鎧《よろい》を脱ぎ捨てて先頭から六番目に馬を歩ませていた光秀は、十三夜の月影を浴びて細道を通過しようとしたとき、竹垣越しに繰り出された槍に腋の下を貫かれた。三町（約三二七メートル）ほど行ってから落馬した光秀にとっては、

「首を切って隠せ」

と駆け寄った人々に命じたのが遺言となった。

光秀が信長を討ったのは六月二日のこと、最期を迎えたのは十四日のことだから、「三日天下」は正しくは足掛け十三日間の天下だったことになる。

光秀が見逃した「城郭ネットワーク」

明智光秀の敗因としては、次の諸点を挙げることができよう。

熟慮した挙句の謀反《むほん》ではなく単なる思いつきに近い挙兵だったので、何の政権構想もなかったこと。そのため、おなじ志を抱いて加勢しようという分国大名がひとりもあらわれなかったこと。なおも諸国にひそむ一向一揆の兵力、それに近い毛利輝元や両川などと同盟して秀吉軍を逆包囲してしまおう、といった戦略眼にもまったく欠けていたこと。

この山崎の合戦から十八年後、慶長五年（一六〇〇）に起こる関ヶ原の合戦においては、石田三成の古い友人大谷吉継《よしつぐ》が勝てないと知りながら三成に加勢して戦死する途《みち》を選んだ。光秀は吉継のような親友のいない、孤独なタイプだったのかも知れない。

さらに山崎の合戦について記述する史書をあれこれ見てゆくと、小《お》瀬《ぜ》甫《ほ》庵《あん》の『太閤記』に光秀の戦術を批判したくだりがあることに気づく。それを要約してみよう。

①山崎で戦おうとしないで、坂本城に籠城していたら簡単には負けなかったのではないか。

②副将格の明智秀満の下には二千余騎の兵力があったというのに、光秀はこの兵力を安土城に残して山崎の合戦を開始した。全兵力を一カ所に投入すれば将兵の心もひとつにまとまり、あれだけもろく敗軍することはなかっただろう。

これはなかなかの指摘だが、①には問題がなくもない。秀吉は三木の干し殺し、鳥取の餲《かつやか》し殺し、高松の水攻めと、籠城策を取った敵を屈服させるのが得意な武将なのだ。だからもし明智軍一万六千が無傷のまま坂本城に籠城したところで、戦況はジリ貧になるばかりだったとしか思えない。

では光秀は、秀吉に対してまったく勝機を見出せなかったのか、というとそうでもないようだ。安土城二の丸の留守居役だった蒲生賢秀は、六月二日に信長の正室濃《のう》姫を守って東南へ六里の自分の城日野城へ移った。入れ違いに安土城を占領したのが明智秀満の軍勢だが、これと並行して光秀は長浜城と佐和山城にも各二千の兵力をむかわせていた。『太閤記』の②の部分は光秀がこのように兵力を分散させてしまったことを難じているのだ。

しかし、この批評は私には物足りなく感じられる。そこでもう一度、右の文章で触れた三つの城と坂本城の位置を頭に入れておこう。

安土城は、琵琶湖の南岸。坂本城は、おなじく西南端。佐和山城は、東岸寄り。長浜城は東岸北寄り。天下の府城というべき安土城からほかの三つの城へは、船でゆけるようになっていた。兵の移動速度を重視した信長らしい工夫だが、いわば六月二日の時点で光秀は信長の城郭ネットワークをまるごと手に入れることに成功したといってよい。光秀が山崎での迎撃戦など考えず、この城郭ネットワークを最大限に利用して戦えば、勝機が訪れたかも知れないのだ。

明智光秀が、信長考案の城郭ネットワークをフルに活用して持久戦を志向したらどうなったか。中国大返しをおえたばかりの秀吉たちは摂津から伏見―京―大津とさらに大移動を強いられてへとへとになり、かつ三万二千の兵力を安土城をはじめとする四つの城と京都を守備する軍勢とに五分割せざるを得なくなる。

とすると、ひとつの城を囲むのは三万二千人の二〇パーセントだから六千四百人。それでも安土城、長浜城、佐和山城に入った明智軍は各二千人ずつしかいないのだから決定的に不利ではないか、と考えるのは間違っている。いくさには「攻者三倍の法則」というものがあり、城を攻める側は守る側の三倍の兵力を必要とするのだ。

だから明智側籠城兵二千対秀吉の攻囲軍六千四百の攻防は、かなり拮抗《きっこう》した戦いになることが予想される。しかも、もしもある城が不利になった場合、明智軍は城郭ネットワークを活用して湖上から援軍を送りこむことができる、というのが肝要《かんよう》なところだ。こうして持久戦をつづけていれば右顧左眄《うこさべん》しやすい筒井順慶をはじめ、織田家に恨みのある者たち――浅井・朝倉遺臣団、比叡山延暦寺の僧兵、各地の一向一揆、室町幕府の旧幕臣たちなどがわれもわれもと明智軍に参加したかも知れないではないか。

しかし、明智軍にはだれひとりとして右のように着想できる者がいなかった。六月十四日、明智秀満が安土城に火を放って坂本城へ逃れたことなどは愚の骨頂であり、秀満が安土城を城郭ネットワークの中心となる城とはまったく認識していなかったことを示してあまりある。

光秀にしても、六月四日に安土城に乗りこんでおこなったことといえば、城内の金銀を人気取りのためあちこちへばらまいたことくらいだった。朝廷へ銀子《ぎんす》五百枚、五山へおなじく百枚ずつ、大徳寺へも百枚、吉田神社の神主吉田兼見《かねみ》に五十枚、洛中洛外の町人たちに対しては、地子銭《じしせん》といわれる宅地税を免除。

光秀は天下をどう治めてゆくかということよりも、人気取り政策をおこなうことを優先したわけだ。私は『戦国はるかなれど　堀尾吉晴の生涯』（光文社刊）の一節で、右のような光秀および明智軍の視野の狭さを論じた時にはこう結論づけた。

「安土城を天下の府城と意識することなく、略奪の対象としたばかりか火を放って焼き捨ててしまうという感覚自体が、とても次の時代の覇者となり得る者のものではあり得なかった」

そこで次に、名実ともに天下人となった人物豊臣秀吉について考えてみよう。

信長と明智光秀に連歌を作ったというエピソードがあることはすでに見たが、秀吉も連歌を好んだ。信長がまだ生きていた頃のことだろう、会津の領主蘆名盛氏《あしなもりうじ》が家臣の金上盛備《かながみもりはる》を秀吉のもとへ挨拶《あいさつ》にゆかせたことがある。盛備が連歌を得意とすると知って秀吉は、あることを思いついた。

「これより前句を示すから付句をこころみよ」

と秀吉はいった。その前句とは、

「女も鎧《よろい》着るところそ聞け」

女武者が戦場にあらわれることもあった時代らしい話だが、『会津四家合考』によると金上盛備はこうつけた。

「姫百合がとも草ずりに花散りて」

「とも草ずり」は「共草摺」で、鎧とおなじ縅《おど》し方《かた》をした草摺（胴の下に垂れて腿《もも》を守る部分）のこと。女性用の鎧から姫百合を連想した金上盛備は、姫百合と対《つい》になる草摺を思い描いたのだ。

このように連歌を愛好するという戦国武将の知的伝統を受け継ぐ一方で、秀吉は卑賤の者から身を起こした自分がついに天下を掌握したことを一種強烈なまでに意識していた。天下人は多くの文書に署名しなければならないが、秀吉が「関白」や「太閤」ではなく「てんか」と署名するのを好んだことなどはまことにその象徴といえよう。

この〈天下人意識〉は、秀吉が口にする食物や飲物にまで反映された。タンチョウヅルが禁鳥（一般人が狩ることを許されない鳥）に指定されたのもそのあらわれで、決して秀吉が愛鳥精神を持つ者だったためなどではなかった。タンチョウは「丹頂」であり、タンチョウヅルの頭部には赤い羽毛が生えているというこの鳥独特の特徴を示している。この丹頂を日の丸、タンチョウヅルを日の丸を掲げた日本を象徴する生きものとみなした秀吉は、タンチョウヅルを天下人にしか食べることが許されない鳥としたのだ。

この時代には「鶴の包丁」ということばもあるほど、鶴は吸物に仕立てるなどしてよく食べられていた。スッポンの生血は精力剤だそうだが、秀吉はタンチョウヅルの生血を盃《さかずき》の酒に滴《したた》らせて飲むこともあり、このようにされた酒は鶴血酒《つるちざけ》と称された。

秀吉が鶴血酒を飲むことを好んだのは、盃の酒に滴った血をやはり日の丸に見立てたためだろう。諸大名にとってもタンチョウヅルは禁鳥だったので、かれらは秀吉から宴《うたげ》に招かれたときにのみ鶴の肉や鶴血酒を口にすることができた。

それでは、秀吉の政権下で大名となった者たちのうち、もっとも多く鶴を供されたのはだれだっただろうか。ずばりそれは、前田利家だったに違いない。秀吉がまだ木下藤吉郎という名で清須城の足軽長屋に住んでいた時代、秀吉と禰々《ねね》（のちの北政所《きたのまんどころ》）の土間に筵《むしろ》を敷いて土器《かわらけ》で三三九度を挙げるだけ、というつましい祝言《しゅうげん》の仲人をしたのは利家・おまつ夫妻だった。

しかも秀吉は利家・おまつ夫妻から摩阿姫《まあひめ》（のちの加賀局《かがのつぼね》）を側室として、豪姫を養女としてもらい受けるほど仲が良く、安土城の内にそろって屋敷を与えられていた時代にも家族同士の交流があった。だから利家は、もっともしばしば秀吉に相伴《しょうばん》を命じられたと思われるのだ。だがその結果、利家は次第に病み衰えていった。

利家が五十九歳になった文禄五年（一五九六）以降の病状は、『加賀藩史料』第一編に詳しく記録されている。

「同年閏《うるう》七月、持病が出る。慶長三年（一五九八）四月、虫が下る」「持病が出る」という表現は、体内に寄生虫が湧いて腹痛などを起こしたことを示すようだ。利家は慶長四年になっても「虫気《むしけ》」でありつづけ、二月初めには口から白くて細い虫を吐き出した。この「白くて細い」という形容から見て、これは当時「寸白《すばく》の虫」といわれていた条虫（サナダムシ）のことに違いない。

条虫は、人間が鱒《ます》、牛、豚、野生動物などの中間宿主を生で食べると寄生する。利家の場合は、あまりよく火の通っていないタンチョウヅルの肉や、生の血を滴らせた鶴血酒をしばしば秀吉からふるまわれたため、条虫に寄生されて命を縮めた可能性がきわめて高いのだ。

では秀吉自身はどうだったのかというと、当然ながらこちらも寄生虫とは縁の切れない人生だったようだ。山崎の合戦に勝ちを制してから約二週間後の天正十年（一五八二）六月二十七日、秀吉は織田家の宿老柴田勝家、丹羽長秀、池田恒興を清須城へ招いて清須会議を開催。織田家の家督は信長とほぼ同時に自殺したその長男信忠の遺児でまだ三歳の三法師に相続させると決定し、秀吉がこれまでの播磨のほか山城、河内、丹波その他の分国を得たことはよく知られている。

当初、特に柴田勝家はわずか三歳の幼児に織田家を相続させることには反対だった。それを知った秀吉は、自分が同席していては勝家が多数派工作をしにくかろうと考え、

「いつもの虫気少し指し出で申し候」

といって別室で休息を取る一幕もあった。そんな光景が『川角《かわすみ》太閤記』に記述されている点から、利家ばかりか秀吉自身も寄生虫に悩まされていたことが類推できるのだ。

以上は秀吉の〈天下人意識〉が変な方向にむかってしまった例だが、秀吉のなによりの美点は人の使い方が巧みだったことだ。

名将の人事術

兵力わずか十七人によって稲葉山城（のちの岐阜城）を乗っ取ってみせたことのある竹中半兵衛は、秀吉に三顧の礼をもって迎えられるや軍師としての才能を遺憾なく発揮してみせた。元亀元年（一五七〇）六月に起こった近江姉川の戦い（織田・徳川軍対浅井・朝倉軍）にあって秀吉勢が大活躍できたのは、兵たちが半兵衛の指示通りに進退したことによる。

これはすでに前節で触れたことだが、その三年後の天正元年（一五七三）八月に浅井久政・長政父子の籠った小谷城を落とした作戦も半兵衛の工夫によるものだから、浅井・朝倉連合軍は秀吉の軍師竹中半兵衛ひとりにしてやられた、といっても過言ではないのだ。

秀吉が強運だったのは、幡州三木城を囲むうちに病死した半兵衛に代わって第二の軍師黒田官兵衛を得たことだ。そこで次に、秀吉に天下を取らせた官兵衛の異能者ぶりも見ておこう。

備中高松を訪ねてみると城址周辺は低湿地が公園化されていて、四方には小高い山々が並んでいる。天正十年（一五八二）三月にこの城を包囲した秀吉に対し、水攻めを進言した者こそ黒田官兵衛だ。

備前岡山とその北西八里あまりの備中松山を結ぶ松山往来の西側には、川幅十間（約一八・二メートル）ほどの水量豊かな足守《あしもり》川が北から南へ流れている。その東岸に高さ二丈（約六・〇六メートル）、底辺十二間（約二一・八メートル）、上辺六間の断面を持つ堤をおよそ一里にわたって築いた上で足守川の上流を堰《せき》止め、その水を城寄りの低湿地へ流しこめばよい、と非凡にも官兵衛は着想したのだ。

部下が前例もないため一見無謀とおもえるアイデアを口にした場合、初めからそのようなアイデアをつぶしにかかる上司はどこにでもいる。秀吉の面白いところは官兵衛のユニークきわまる提案に強い興味を示したばかりか、しかしどうやって流れを堰止めるのだ、などと反問しなかった点にある。

官兵衛は下流からかき集めた数十艘の川舟に蛇籠《じゃかご》や土俵《つちだわら》などを満載した上で上流へさかのぼらせ、ある所で横一線にならばせて互いを綱で縛着《ばくちゃく》させてから、その舟の列をことごとく自沈させた。流れはこの水舟の列によってみごとに堰止められたわけだが、ここまでくるといくさもひとつの芸術のようだ。

さらに官兵衛の凄味《すごみ》は、六月三日の深夜に信長横死の飛報が入ったときにもまったく動揺しなかったことだ。その直後に官兵衛が秀吉に告げたところは、すでに次のように書いておいた。

「君を弑逆《しいぎゃく》いたした逆臣明智光秀を討って、あまねく天下を掌握なさいませ」

だが、これには異説もある。官兵衛は秀吉と違って信長の死を嘆き悲しんだりはしなかったとするもので、たとえば岡谷繁実《おかのやしげざね》の『名将言行録』では官兵衛と秀吉のやりとりはこう描かれている。

「孝高《よしたか》（官兵衛のこと）する〳〵と歩み寄り、秀吉の膝をほとほと打《うち》て、莞爾《かんじ》として、君の御運開かせ給ふべき始めぞ。能《よ》くせさせ給へと申しゝとぞ。是《これ》より秀吉、孝高に心を許さざりしとなり」

秀吉は官兵衛に叱咤《しった》されて、光秀追討を決意。実際にそれに成功して天下取りに成功したわけだが、よく考えてみると、主君信長が横死したことをにっこりして悦び、運がめぐってきましたな、とこちらの膝を叩くような男は薄気味が悪い。今ごろは、まただれかの膝を叩いて天下を奪いなされなどといっているのではないか。秀吉はそう考えて官兵衛を身辺から遠ざけ、あえて豊前中津に封じることにした。

天正十七年（一五八九）、官兵衛が四十四歳にして引退したのも秀吉に天下に野心があるのを見抜かれたため、というのが定説だ。天下人は、必要なときだけ異能者を使うのである。

秀吉の天下は、その前期には次のようなプロセスを経て安定期を迎えた。

天正十一年（一五八三）四月、賤《しず》ヶ《が》岳《たけ》の合戦に柴田勝家を破り、勝家は自刃。九月、大坂に築城（翌年八月、入城）。

同十二年四月、小牧・長久手《ながくて》の戦いで家康と織田信雄《のぶかつ》の連合軍に敗北したが十一月に家康・信雄と和解。

同十三年七月、従一位《じゅいちい》、関白に任じられ、四国を平定。九月、朝廷から豊臣姓を与えられる。

同十四年十二月、太政大臣に任じられる。

同十五年五月、九州を平定。

同十八年七月、小田原北条氏を滅ぼす。

この略年表からわかるように、この時代の秀吉の最大のライバルは徳川家康だった。駿河・遠江《とおとうみ》・三河の三カ国を領有する家康はいくさに巧みで、小牧・長久手の戦いでは秀吉軍を敗北に追いこんだ。

信長なら最新の武器と新戦術によって再挑戦しそうなところだが、秀吉はそうは考えなかった。立ち技が通じなければ寝技で勝負、というところか、小牧・長久手の戦い直後に三河岡崎城の城代石川数正《かずまさ》が家康の使者としてやってくると、翌年にはその数正の抱きこみ工作に成功したのだ。一説によると秀吉は数正が自分に通じたとの噂を意図的に流し、数正が岡崎城にいられないようにしたのだという。

石川数正は当然ながら徳川家の軍法に通じていたから、数正が秀吉に仕えたとは家康のいくさのノウハウが秀吉にすべて筒抜けになったということでもある。しかも秀吉の一筋縄でいかないところは、ここで家康に対してガラリと威丈高になるのではなく、さらに辞を卑《ひ》くしてみせたことだ。

天正十四年（一五八六）五月に妹の旭姫を家康に嫁がせたし、おなじく九月には母の大政所《おおまんどころ》を証人（人質）として家康のもとに送ってみせた。

関白として位人臣《くらいじんしん》を極めた秀吉からこうまでされては、家康もきちんと対応せざるをえない。同年十月、家康は大坂城におもむいて秀吉に会見したことから、表面的には豊臣大名のひとりとして秀吉政権になじみはじめた。

しかし、秀吉が小田原北条氏を滅ぼした後、家康から駿遠三《すんえんさん》の三カ国を奪って旧北条氏領の関八州へ移封《いほう》したことはよく知られている。尾張生まれの秀吉は関東の生産力が頭に入っておらず、危険な家康を東海地方の彼方《かなた》へ追いはらったつもりでいたのだろう。薄気味の悪い黒田官兵衛を、かつて九州の豊前中津へ遠ざけたのとおなじように。

実は家康に関東を与えることは、虎を野に放つにひとしかった。その結果どういうことになったかは江戸時代史の示すところだが、本稿ではそこまでは追わず、秀吉が大いに気に入ったふたりの名将についてその横顔を眺めたい。

人材を見抜く秀吉の才能

まず取り上げる名将は、「毛利の両川」のひとり小早川隆景だ。天正十年（一五八二）六月五日に秀吉が中国大返しを開始できたのは、備中高松城を救援にあらわれた毛利輝元軍がまだ信長が死んだとは知らず、秀吉と講和したからだった。その後ようやく信長の死を知った毛利軍の中には、秀吉を追撃して討ち果たすべし、と主張する者もいた。

対して隆景は述べた。

「味方に利のないときは講和を結び、敵に思わぬ不幸があったときには、その約束を破るというのは人道に恥ずべきだ」（『芸侯三家誌』大意）

隆景のこの判断があったがために、毛利家は火事場泥棒と呼ばれかねない愚を未然に避けることができた。さらに同年七月、秀吉が京の大徳寺において信長の葬儀と法要を主催すると、毛利輝元は名代《みようだい》の者を参列させた。そんなことから同家には、秀吉政権の下でも百十二万石の大大名でありつづける道がひらけたのだ。

秀吉が毛利家の部将のうちでもっとも気に入った者こそ隆景であり、天正十七年（一五八九）から翌年七月にかけて小田原北条氏と戦ったいわゆる小田原の陣の最中も、秀吉は石垣山の本陣に隆景を呼んで助言を求めた。隆景は包囲戦が長引くにつれて兵たちの士気が衰えつつあることに気づいており、こう提案した。

「長陣《ながじん》に疲れぬよう兵たちに今様《いまよう》を歌わせたり、乱舞や踊りの興行をさせたりなさってはいかがか」

なるほど、と思った秀吉がこれを実行させてみると、兵たちには活気が蘇って小田原北条氏を降伏させることができた。

「その方の亡父（毛利元就）も、このようにして勝利を得たことがあったのか」

秀吉が問うと、隆景は答えた。

「はい、何度もござりました」

これは『名将言行録』の伝えるところだが、一時代前の英雄毛利元就の考えた長陣対策が隆景の口から秀吉へ伝えられ、小田原の陣におけるその勝因のひとつになったという点が味わい深い。けだし英雄は英雄を知るものなのだ。

もうひとり秀吉に大いに気に入られたのは、上杉景勝の右腕だった直江兼続《なおえかねつぐ》だ。すらりと背の高い美男で声もさわやかだった兼続は、やはり小田原の陣の長引くうちに秀吉に呼ばれて見通しをたずねられ、みごとな答え方をした。

「北条家の先代氏康《うじやす》は武勇の将でしたが、今の氏政は愚将でございます。だからこそ殿下の敵となった次第ですが、氏政と殿下を同日に論ずることなどはできませぬ。もう少し攻めつづければ、落城もそう遠くはありますまい。不義にして富めるは浮雲の如し、とも申します」

秀吉はこの兼続に、太刀と衣装を与えるほど満足したという。秀吉は隆景、兼続と信長の元家臣堀直政の三人を次のように評価した。

「これらは、天下の仕置きをさせてもきちんとできる者たちだ」

秀吉は、天下を動かせる器かどうか、という点を人物評価の規準としていたのだ。

問題は後継者

戦国大名たちのほぼすべてが秀吉に臣従するようになると、その大名たちは自分の家臣たち――秀吉にとっては陪臣《ばいしん》を従えて大坂城に参勤した。小早川隆景は毛利輝元の家臣、直江兼続は上杉景勝の家老として秀吉に才気を認められたわけだが、徳川家から石川数正を引き抜いたように、秀吉には気に入った者を自分の直臣《じきしん》にしたがる癖があった。

では小早川隆景と直江兼続のうち、秀吉が直臣にしたくてたまらなかったのはどちらだろうか。それは兼続の方だ。慶長三年（一五九八）に上杉家を越後九十万石あまりから会津百二十万石に転封《てんぽう》させたとき、秀吉が景勝に与えた転封命令には異例にも「特命」がついていた。その内容とは、これまで上杉家から五万三千二十七石を受けていた兼続に米沢《よねざわ》三十万石を与え、官位を従五位下《じゅごいげ》から従四位下《しいげ》に昇進させよ、というものだった。その結果、秀吉政権における大名家の所得番付は以下のようになった。

①徳川家康（武蔵ほか）二百五十五万七千石、②毛利輝元（安芸ほか）百二十万五千石、③上杉景勝（会津ほか）百二十万石、④前田利家（加賀）八十三万五千石、⑤伊達《だて》政宗（陸奥）五十八万石、⑥宇喜多秀家（備前）五十七万四千石、⑦島津忠恒（薩摩ほか）五十五万五

千石、⑧佐竹義宣《よしのぶ》（常陸）五十四万五千七百石、⑨小早川秀秋（筑前）五十二万二千五百石、⑩鍋島直茂（肥前）三十五万七千石、⑪堀秀治（越後）と直江兼続（米沢）各三十万石。

小早川秀秋は隆景に養子入りした秀吉の親族（北政所の兄の子）だが、兼続の方は陪臣であるにもかかわらず豊臣大名全体の第十一位に位置づけられるほど秀吉に見こまれたのだ。もしもう少し秀吉が長生きしていれば、景勝から兼続を奪い取るための工作をはじめていたかも知れない。景勝・兼続コンビは珍しいほど君臣相和した関係にあったのでそんなことにはならなかったが、私がそういう可能性があったという点にまで言及したくなるのは、秀吉があまりにも後継者に恵まれなかったからだ。

長寿に恵まれていれば秀吉の天下を受け継いだかも知れないその親族のうち、天寿をまっとうしたとはいえない死に方をした五人をまず眺めてみよう。

信長の四男として生まれて秀吉に養子入りした於次《おつぎ》秀勝、天正十三年（一五八五）十二月、十八歳で病死。同十七年五月、側室淀殿が鶴松を産んだものの早世。同十九年一月、国政を統轄していた異父弟の秀長、五十二歳で病死。文禄元年（一五九二）九月、姉の子として生まれて養子入りした小吉秀勝、朝鮮出征中に巨済島にて病死、二十四歳。同四年四月、秀長の養子の秀保、十七歳にて病死（溺死《できし》説もあり）。

秀吉に特に衝撃を与えたのは、五十四歳にしてようやく得た鶴松が早世したことだったに違いない。秀吉はその悲しみの中で姉の子秀次を養子に迎えるのだが、この秀次は酷薄非情な男でしかなかった。

養子秀次の無残な末路

初め河内に三万石を与えられていたころのことか、あるとき食べた飯に砂がまじっていて秀次は奥歯を痛めた。激怒した秀次は料理人を呼びつけ、刀を引きつけて、庭の白砂をいいというまで食いつづけろ、と命令。怯《おび》えた料理人は歯が砕け、口の中が破れて血だらけになるまで白砂を食べつづけたが、秀次は許さない。一の太刀でその右腕を切断、二の太刀で左腕も切り落とし、三の太刀でついにその命を奪った。

このように弱い立場の者には妙に強気になるくせに、秀次はからきしいくさ下手《べた》だった。天正十二年（一五八四）の小牧・長久手の戦い（対徳川家康・織田信雄戦）に、秀次は歴戦の名将蒲生氏郷《がもううじさと》から愛用の鯰尾《なまずお》の兜を借りて出動した。むろん氏郷の勝負強さにあやかろうとしてのことだが、秀次は拙《つたな》くも兵力八千のうち七千までを死傷させてしまい、鯰尾の兜も銃弾に穴だらけにされて命からがら逃げ走る始末。これには秀吉もさすがに怒り、

「今のごとく無分別のうつけ（阿呆）であるなら手討ちにするぞ」

（同年九月二十三日付、秀次宛書簡、大意）

と通告してみせた。

こうまでいわれれば、大概の者は心を入れ替える。秀次も翌年から紀州攻め、四国と小田原の平定などに武功を挙げた結果、同十八年に

は尾張、北伊勢の百万石を領有。同年十一月には正式に秀吉の養子となり、二十四歳の若さで内大臣から関白、左大臣へと進んだ。

だが、人の手によってもたらされた栄耀《えよう》栄華は人の手によって突き崩される。文禄二年（一五九三）八月に淀殿がお拾《ひろい》（のちの秀頼）を産んだことに狂喜した秀吉は、この赤ん坊を次の天下人と決定。わずか生後二カ月だというのに秀次の娘との婚約を考えたり、日本国の五分の四は与えるから五分の一はお拾のものとせよ、と秀次に申し入れたりしはじめた。

こういうときこそ気を引き締めてかからなければ、と普通なら思うところだが、秀次はもうそのころには馬脚をあらわしつつあった。鉄砲や弓の稽古《けいこ》と称して洛外に出かけては農民や旅人を射殺したり、刀の試し斬りのために家臣たちから「斬りもの」という名の人間を差し出させたりと「悪御所」足利義輝（「武士たちの作法」）も真っ青になりそうな本性を剝《む》き出しにした秀次は、

「関白殿千人斬りさせられ候」（『太閤さま軍記のうち』）

と噂されるまでになって「殺生関白」と渾名された。

文禄四年（一五九五）六月七日には、女人禁制の比叡山で鹿狩をおこない、延暦寺の僧たちの食料である味噌の中へ鳥獣の内臓を投入。同月十五日には北野で通りすがりの盲人を惨殺しているから、これはもう狂気の沙汰《さた》でしかない。

「今のごとく無分別のうつけであるなら手討ちにするぞ」

という十一年前の決意が秀吉の胸に蘇ってきたのも、致し方なき次第だったというべきだろうか。

　天正十九年（一五九一）十二月から太閤と称していた秀吉が、秀次を隠居所として建てた伏見城に呼びつけたのは文禄四年（一五九五）七月八日のこと。しかし、秀吉は秀次を城下の木下吉隆邸に控えさせて城には入れず、官職を奪った上でただちに高野山へ登るよう命じた。

　秀次は、天正八年に信長に追われるようにして高野山へ入った佐久間信盛父子とほぼおなじ運命をたどったのだ。しかも秀吉は、信長よりも容赦がなかった。同月十五日、すでに僧形《そうぎょう》に変わっていた秀次のもとへ使者三名を巡遣した秀吉は、切腹せよとの命令を通達。すでにこのことを覚悟していた秀次は、同行していた小姓ほか四人を介錯してから自刃して果てた。享年二十八。

それにもまして無残だったのは、秀次の妻妾と子供たち三十余人が一度に処刑された光景だった。八月二日、何輛かの牛車《ぎっしゃ》につめこまれて京の三条河原に引き出されたこれらの者たちは、秀次の首を拝まされてから刑吏《けいり》たちの殺戮《さつりく》にゆだねられたのだ。斬られたのは正室一の台三十四歳、その姫お宮の方十三歳、側室お長の方十八歳、お辰の方十九歳、おさこの方十九歳、中納言の方三十四歳などであり、このような女性の大量虐殺は日本史上珍しいケースだ。その後、秀吉はこの刑場を埋めて塚を建て、「畜生塚」と呼んだと『川角太閤記』はいうが、これではどちらが「畜生」なのかわからない。

秀吉の見た信長の亡霊

思うに秀吉は、天正二十年（文禄元）三月に日本軍を朝鮮へ渡海させて文禄の役を起こしたころから、かつての秀吉ではなくなっていた。朝鮮を経て明国とインドを奪ったならば後陽成《ごようぜい》天皇を北京に迎え、その周辺の十カ国を進呈する。天皇はその後インドへ行幸あるべきこと、などと定めたのは誇大妄想狂的であり、タガの外れた発想という点では秀次の妻妾の大量虐殺に通じるものがある。

秀吉は若いころから鎧を脱ぐ暇もないほど合戦につぐ合戦の日々を送ったため、この慢性の過労状態が老衰を早めたという説がある。そういえば秀吉は「虫気」にも悩まされていたのだが、からだが老衰すれば大脳も縮んでゆき、健全な判断力も損なわれる。秀吉は慶長二年（一五九七）一月に朝鮮再征（慶長の役）を決定したころには前線基地とした肥前名護屋城へもゆけない衰えぶりを示し、六月十七日に気に入りの養女豪姫（宇喜多秀家夫人）宛に書いた手紙では、もう半月も飯を口にしていない、と嘆いたほど。

歴史は病人によって作られる、と喝破《かっぱ》した人がいたが、秀吉の晩年の蛮行には知性の衰弱が感じられてならない。秀吉は慶長三年七月になると死期が迫ったことを自覚し、十五日には伏見城に諸大名を集めて遺言を伝達。八月五日には五大老――徳川家康、前田利家、毛利輝元、上杉景勝、宇喜多秀家宛の遺言状を執筆した。その内容は、

「とにかく秀頼のことを頼む。そのほかに思い残すことはない」

というものだったが、このころ秀吉が信長の亡霊を見たという説もある。

秀吉は何日か昏睡状態に陥ってから、慶長三年（一五九八）八月十八日に息を引き取った。享年は六十二。ただし『加賀藩史料』第一編によると、秀吉は昏睡状態に陥る前夜、夢うつつの境で信長の亡霊を見たのだという。

「早《はよ》う、こちらへまいらぬか」

とその亡霊に手を引っ張られて、

「かしこまりたてまつり候」

と秀吉は答えた。

そのとき秀吉は布団からからからだを引きずり出されたように感じたため、目をひらいてみた。するとそのからだは、布団から何と一間（約一・八メートル）も離れたところに横たわっていたというのだ。

この逸話をただの怪談として片づけてしまうことは、だれにでもできる。しかし少し考えてみると、秀吉の抱いていた信長へのコンプレックスをよく伝える話のようにも感じられる。

というのも秀吉が天下人になれたのは、そもそも信長が天下統一に成功する前に非業の死を遂げてしまったためだからだ。では、もし信長が生きていれば天下統一事業はどのように進んだか。

信長が琵琶湖の東から西にかけて、南回りに長浜城―佐和山城―安土城―坂本城と城郭ネットワークを築き上げていたことには前節で触れた。だが、この城郭ネットワークはこれで完成していたわけではない。信長が天正八年（一五八〇）に顕如《けんにょ》上人の率いる一向宗の門徒を石山本願寺から紀州へ立ちのかせた後、その跡地をほとんど更地にもどしていたことに注目すると、次のように推論できる。信長は城郭ネットワークを大坂まで延長して石山本願寺跡に大坂城を造営し、本拠地を安土城からこちらへ移した上で中国、四国、九州を平定していたであろう、と。

対して秀吉は、山崎の合戦に勝利した直後にその山崎に宝寺城《ほうじじょう》を造営。京に二条城、石山本願寺跡に大坂城、その中間の淀に淀城（のちに廃城として、新たに伏見城を造営）と建てていって城郭ネットワークを作り上げ、中国地方最大の大名毛利家を巧みに取りこんでから四国、九州を平定していった。

ということは、あらたな本拠地を大坂に定めるというアイデアから西日本の統一まで、秀吉の歩んだ道はすべて信長の立案した計画通りだった、ということでもある。このようにアイデアをそっくり頂戴してしまったことから秀吉は旧主信長にある種の疚《やま》しさを感じていた、と仮定するとどうなるか。その疚しさゆえに秀吉は、心身ともに衰弱するや信長の幻影を見た。そして、その信長から「早う、こちらへまいらぬか」と命じられたと思い、夢中で布団から這《は》い出た。

私は秀吉が信長の亡霊を見たという出来事をこのように解釈したいのだが、みなさんはどうお感じだろうか。

ではつづいて、秀吉が死んだ年にまだ六歳だったその後継者、秀頼のその後を見てゆこう。

骨抜きにされた豊臣家二代目

まずは江戸時代になってから登場した幼君と、それを輔佐《ほさ》した者との関係を見ておく。

慶安四年（一六五一）四月に三代将軍徳川家光《いえみつ》が病死したのを受けて、四代将軍に就任したのはまだ十一歳のその長男家綱《いえつな》だった。同時に将軍輔弼役《ほひつやく》となったのは、家光の異母弟にして初代会津藩主の保科《ほしな》正之《まさゆき》。朱子学《しゅしがく》を深く学んでいた正之はまず『輔養編』という小さな書物を印刷させ、家綱の老中、若年寄以下に配布した。

この書物は中国古代の王朝で幼主を輔導した者たちの言行を集めたもので、正之は家綱に王者の徳を身につけてもらうには誠実に国家に尽くす側近たちを育てることから出発すべきだ、と考えたのだ。

このような発想によって家綱政権は、後世に称《たた》えられるみごとな政治を展開するに至る（小著『保科正之　民を救った天下の副将軍』洋泉社）。対して秀吉が秀頼の傅役《もり》だった小出《こいで》秀政、片桐且元《かつもと》に遺言したのは、秀頼に家康と事を構えさせるな、という一点だった。だが、秀政はまもなく老病によって引退、且元も次第に家康に取りこまれ、保科正之のような思慮深さによって秀頼に王者の心得を身につけてもらおうと考える豊臣家家臣はひとりもあらわれなかった。

しかも、二条城で一度だけ家康と会見した秀頼は次のような印象を残した。

「かしこき人なり、中々《なかなか》人の下知《げち》など請《う》くべき様子にあらず」（『明良洪範《めいりょうこうはん》』）

この会見は慶長十六年（一六一一）三月のことだから、江戸幕府をひらいた家康はすでに大御所と称して駿府城へ引退、世は二代将軍秀《ひで》忠《ただ》の時代を迎えていた。家康はもう七十歳だが、秀頼は十九歳の若さだから、下手をすると天下はふたたび豊臣のものになってしまいかねない。焦《あせ》った家康は、謀臣本多正信を介して大坂城の淀殿に申し入れた。秀頼さまは、豊臣家の血脈を後世に伝えるべく男子を得なければならない。だから美女多数を侍《はべ》らせ、かつ養生を専一とするために歌舞と酒宴に励むように、と。家康は秀頼に対して一種の〈愚民政策〉をとったわけだが、『明良洪範』はその〈成果〉を、

「此故《このゆえ》に秀頼には猿楽のうたひ舞又酒色にのみかたぶきて政事《まつりごと》などは毛頭知り玉《たま》はず」

と断定的に書いている。さらに同書によると秀頼は「六尺五寸」

（約一メートル九七センチ）の長身だったが、いつしか「世に亡き御太り」（『長沢聞書』）となり、スペイン人ヴィスカイーノの証言によれば「自由に体を動かすことができないぐらい」（松田毅一『日欧のかけはし』）のとてつもない大肥満体になってしまった。

武田信玄、上杉謙信ら戦国の英雄たちばかりか信長、秀吉、家康とつづく天下人の系譜を眺めても、共通するのは千軍万馬の武人そのものだったことだ。

秀頼はその育てられ方から見てもからだつきから見ても、とても豊臣家の二代目として天下に号令する役など務まるわけがなかった。

戦う女　逃げる女

戦国の世に雑兵として生きた男たちの生活の知恵から紹介しはじめ、武将ないし天下人として名を残した人物の特徴について私見を述べてきた。しかし、戦国期の女性については触れる暇がなかったので、本節では何人かの女性たちの姿をスケッチしたい。

一番手として登場してもらうのは、天正十年（一五八二）三月二日の高遠合戦（仁科盛信対織田信忠、「天下人になれなかった男たち」参照）に際して仁科方の女武者として戦った諏訪頼清の妻お花だ。圧倒的に優勢な信忠軍が高遠城二の丸に突入したとき、本丸から討って出た四、五十人のひとりがお花だった。

「夫既に討死せしと聞《きき》て同じ道にと志し、紺糸の腹巻（鎧の一種）に丈なす黒髪乱しかけ弐尺計《ばか》りの長刀を持ち敵二三人懸《かけ》倒し人手にかゝらんとや思いけん、短刀を抜《ぬき》持ち自害して敵味方の目を驚かす」

（『高遠記集成』）

高遠城のある信州伊那谷の西側、木曾谷からは源平合戦の時代に巴《ともえ》御前が源義仲の部将兼側室として登場し、『平家物語』に容貌すぐれた一騎当千の女武者として描かれた。まさしくお花はその気概を受けついだ信州女性であり、今日も高遠町郊外の五郎山《ごろうざん》にある仁科盛信の墓所に祀《まつ》られている。

真田幸村（信繁）の兄信之の正室小松殿も、気丈さでは人後に落ちない。なにしろその父は、生涯に五十七度の合戦に参加して手傷ひとつ受けなかった不敗の名将本多平八郎忠勝なのだ。忠勝が垂直に立てて持っていた名槍の穂先に止まった蜻蛉《とんぼ》は、からだがふたつに切れてしまった。それからその槍は「蜻蛉切り」と名づけられた、という伝説は知っている人も多いだろう。

関ヶ原前夜の慶長五年（一六〇〇）七月、家康の上杉景勝討伐に加わって日光街道の犬伏《いぬぶし》（現・栃木県佐野市）まで北上した信州上田城主真田昌幸と信之・幸村兄弟は、石田三成が伏見で挙兵したと知って今後のことを相談。昌幸・幸村父子は三成方につき、すでに家康の家臣となっている信之は家康と行動を共にすることにした。

そこで昌幸・幸村父子は上田城へもどろうとしたのだが、昌幸は途中で信之の持ち城沼田城へ立ち寄り、信之・小松殿夫妻の子供五人の顔を見ようとした。だが、小松殿は断じて入城することを許さない。

怒った昌幸が、

「門を踏み破ってでも入城するぞ」

と怒鳴ると、小松殿は額に白鉢巻を締め、純緋の陣羽織と緋縅《ひおどし》の鎧を着たばかりか薙刀《なぎなた》をかいこんで多聞櫓《たもんやぐら》の二階にあらわれ、大見得を切った。

「門を踏み破るとは何者ぞ。殿（信之）は主君のお供をいたして出陣中なり。その留守に来《きた》りて狼籍《ろうぜき》に及ぶは曲者《くせもの》なれば、一同、出迎えてこれを討ち取れ」

義父が孫に会いに来た、とわかっていてもこのように対応することが武門の女の作法であり、プライドでもあったのだ。昌幸はなかばその態度に怒りながらも、信之はいい正室を迎えたものだ、と感心したのではあるまいか。

おあむの首化粧

信州の女武者の伝統は、幕末維新の時期に復活したと考えることもできる。

徳川三代将軍家光の異母弟保科正之は、信州高遠三万石、出羽山形二十万石を経て会津二十三万石の初代藩主となったのだった。その家臣の系統であり、信玄の軍師山本勘助の子孫といわれる山本権八《ごんぱち》の娘として生まれた八重《やえ》は、慶応《けいおう》四年（一八六八）八月二十三日、のちの新政府軍が鶴ヶ城に突入しようとするや、七連発のスペンサー銃でこれを迎え討つ一方、大砲隊を指揮して戦った。中野竹子・優子姉妹など城外で奮闘した会津藩のいわゆる娘子《じょうし》軍にも、女武者の面影が感じられる。

しかし、戦国時代にも女武者の数は少なく、多くの武家の女性は籠城戦がはじまると弾丸の製造に従事したりした。そのような女性たちの中でもっともよく知られているのは、「おあむ」と表記して「おあん」と呼ばれた者が関ヶ原の合戦の際に大垣城に籠城した話だろう。その回想をまとめた『おあむ物語』によると、彼女の仕事のひとつは首化粧だった。これは味方が取ってきた敵の生首が、たとえ雑兵の首であったとしても上級武士であったかのように見せかけるため化粧をほどこすことだ。戦国の会話口調を知っていただくため、その原文を引いてみよう。

「家中《かちゅう》の内儀（既婚女性）。むすめたちも。みな〳〵。天守に居て。鉄砲玉を鋳ました。また。味かたへ。とった首を。天守へあつめられて。それ〳〵に。札をつけて。覚えおき。さい〳〵（再々）。首におはぐろを付《つけ》て。おじやる。それはなぜなりや。むかしは。おはぐろ首は。よき人とて。賞翫《しょうがん》した。それ故《ゆえ》。しら歯の首は。おはぐろ付て給《たま》はれと。たのまれて。おじやったが。くびもこはいものでは。あらない。その首どもの血くさき中に。寝たことでおじやった」

谷崎潤一郎作『武州公秘話』は、あきらかに右のくだりをヒントにして女たちが首化粧をほどこす光景を描き出している。

このときの大垣城は石田方の城となっていたが、まもなく徳川軍が押し寄せてきて明日突入すると通達した。そこからおあむの脱出行がはじまった。

「親父《しんぷ》ひそかに。天守へまゐられて。此方《この》へ来いとて。母人我等をもつれて。北の堀わきより。はしごをかけて。つり縄にて。下へ釣《つり》さげ。さて。たらひに乗《のり》て。堀をむかうへ渉《わた》りて。おじやつた。その人数は。おやたちふたり。わらはと。おとな四人ばかり。其《その》ほか家来は。そのまゝにておじやつた」

おあむの父は石田三成に仕えて三百石を受けていたそうだから、家来は約二十人はいたはずだ。その家来たちをほったらかしにして逃げたとは啞然《あぜん》とするばかりだが、この早逃げのおかげか、おあむは八十歳あまりまで長生きし、寛文年間（一六六一―七三）に生涯をおえたという。

どうも女性は、昔から男より長生きだったようだ。

大坂冬の陣を生き抜いた「お菊」

「武士たちの作法」に後藤又兵衛と真田幸村（信繁）の名を出しておいたのは、私がこのふたりを最後の戦国武将と考えているからだ。すなわち慶長二十年（一六一五）五月七日の大坂落城の日に、戦国生き残りのこの両雄は最期の光芒《こうぼう》を放って伝説の世界へと歩み入ったのである。

その大坂城に籠城して淀殿に仕えていた女たちの多くは、突入してきた徳川方の将兵に手取りにされて遊女屋へ売り払われるという運命をたどった。男は殺す、女は手籠《てご》めにしてから売り払う、という非情さもまた戦国の世の感覚なのだ。

しかし、淀殿に仕えていた二十歳のお菊という娘は、奇跡的に城を脱出することに成功。八十三歳までの長寿を楽しんで、『おきく物語』という回想録（聞き書き）を残した。同書を読むと、この世の生き地獄から逃れることのできた者には雑兵たちとはまた違う知恵があったように感じられるので、お菊の身の上と大坂城に落城の危機が迫ってからのその行動を振り返ってみよう。

お菊の祖父は山口茂介《もすけ》といい、浅井《あざい》長政に仕えていた。浅井家が信長に滅ぼされたためだろう、そのせがれ山口茂左衛門は浅井家の足軽から身を起こしつつある藤堂高虎に拾われ、客分として三百石を受けた。

慶長十九年十月に大坂冬の陣がはじまる前、大坂方はひろく兵を募った。後藤又兵衛、真田幸村の両雄が入城したのもこのときだが、茂左衛門も浅井長政の娘である淀君を幼少のころから知っていた縁で、お菊をつれて大坂入りしたのだという。だが、茂左衛門はまもなく討死してしまい、束《つか》の間の休戦の後に夏の陣がはじまると、本丸の長局《ながつぼね》を住まいとしていた奥女中たちからも流れ玉を浴びる者が出た。

「落城二三日まへ」から淀殿・秀頼母子と側近の者たちは山里曲輪《ぐるわ》

に避難して本丸から姿を消し、食事は餅ばかりとなった。これは、早朝に城内で搗《つ》いた餅を当番の者が長局の各部屋の前へ置いてゆくのだ。餅ばかり食べることに飽きた者がそれをほうっておくと、翌日また別の餅が配られた。

これも「らく城まへ」のこと、京から東福寺の月心和尚がやってきたので、お菊は頼みごとをした。着物と諸道具を挟箱《はさみばこ》に納めて和尚に託し、こう申し入れたのだ。

「おいとまを願いましたら京にまいりますから、それまでお預かり下さりませ。落城してこの身が亡き者となりましたなら、回向料《えこうりょう》代わりとして下さりませ」（大意）

お菊は、万事用意のいい娘だったのだ。

さて問題の五月七日、お菊は落城の時が迫ったとは夢にも思わずまだ長局におり、自分づきの下女に「そばの粉《こ》」で「そば焼」を作るよう命じたりしていた。ところがまもなく、すでに玉造《たまつくり》口は焼けたという者があった。城の南側に位置する玉造口は、さらにその南側の徳川軍の陣営に近い。その方角を眺めるとたしかに燃えているので、お菊は逃げ仕度にとりかかった。逃げ仕度とは、とにかく衣装を重ね着することだった。

お菊は帷子《かたびら》を着ては下帯を締めてゆき、重ね着した帷子は三枚に及んだ。

ついで、竹流しと呼ばれる金の固まり（一本が七両二分相当）を何本かと秀頼から下賜《かし》された鏡を懐中にして台所へゆくと、「見知らざるさふらひ（侍）」ふたりがその外で女中に頼んでいた。

「肩口のきずを。みて給はれ」

「上おびをも。しめて給はり候へ」

その女中はそれには構わず外へ急いだそうだから、女とは冷たいものだ。つづいてお菊も外へ出てゆくと、その辺に「金の瓢簞《ひょうたん》の御馬じるし」が捨て置かれていた。これは秀吉以来の豊臣家の馬印であり、「雑兵たちの知恵」で述べたように馬印持ちの雑兵がしっかりと支えていなければならない大事な品だ。それがその辺に転がっていたとは、馬印持ちの雑兵も指揮役もすでに風を食らって逃げてしまったことを意味する。

「（これを）すて置《おい》ては。御恥辱を。あらはすなりとて」お菊は馬印を打ち折って始末してから城外へ逃れた。そこには竹束を縦にならべた徳川方の防弾用攻城具が迫ってきており、兵が抜刀してお菊に金を出せという。お菊は懐中にしていた「竹ながし二本」を取り出して与え、今は徳川方に属している藤堂高虎の陣地はどこかと聞き出した。

そしてそこに向かううち、淀殿の妹常高院《じょうこういん》に出会った。家康から講和の使者に指名されて大坂城に入っていた常高院は、足に流れ玉でも受けたのか、家臣に負われて逃げる最中だった。

そのお供に加えてもらったお菊は河内の森口（守口）へ逃れ、ある家に入ってようやく食事にありついた。これは行器《ほかい》に入れられていた強飯《こわめし》を紙に載せて食べたのだという。そのときお菊は秀吉づきだった山城宮内《くない》の娘が帷子一枚しか着ないで同行しているのに気づき、自分の帷子と腰紐をひとつずつ与えてやった。

その後、家康も大坂城の女たちは立ちのき自由としたので、お菊は宮内の娘とともに旧知の秀吉の側室のひとり松ノ丸殿を頼って上京することにした。淀殿につぐ秀吉側室中のナンバー2《ツー》だった松ノ丸殿は、このころは落飾して京の誓願寺《せいがんじ》に入っていた。

だが、いざ入京すると大坂の落人《おちゅうど》にはだれも宿を貸してくれない。ようやく豊臣家の家臣織田左門という者の屋敷を訪れたふたりは、宮内の娘は左門の姪という縁によってようやく左門から饗応にあずかることができた。お菊が宮内の娘に帷子を与えるという善行をほどこしたことにより、彼女自身も宮内の娘も宿なしの日々を送るうちに人買いに狙われる、などということにならずに済んだのだ。

その後、最初の希望通り松ノ丸殿に仕えたお菊は、縁あって備前岡山藩池田家の藩士田中なにがしに嫁ぎ、八十三歳まで長生きするうちに『おきく物語』のもとになる思い出話をして聞かせたのだ。

帷子三枚を重ね着し、命乞《いのちご》いをするときに役立つよう竹流しを何本か持って逃げたとは、まことにリアル。着ぶくれして大坂城から走り去ったお菊の後ろ姿とともに、長かった戦国乱世にはようやく幕が下りたのであった。

（「夕刊フジ」二〇一二年九月十九日～十二月一日付）

II

戦国から幕末へ

大日本禽獣史話《アニマル》

私の寝室のサイド・テーブルには、台湾のマレー系先住民の姿を象《かたど》った木彫りが飾られている。その先住民は槍《やり》を持ち、袋を背負ってい て、足元には小型犬がまつわりついている。

これは昭和五十七年（一九八二）に初めて台湾を訪問したとき、気に入って買ってきたものだ。ただし、これだけではちょっとわかりにくい点がある。この犬は飼い主にとって猟犬だったのか、あるいは愛《あい》玩犬《がんけん》だったのか。

それを判断する機会は、平成十九年（二〇〇七）になってからやってきた。「オール讀物」に台湾新幹線紀行を書くことになってまた台湾を訪ね、ついでに台南科学工業園区のうちにある考古文物陳列室を見学すると、約四千八百年前から四千二百年前に生きていた古代人の「仰身直肢葬」にされた骨格数体と小型犬の完全化石が一体展示されていたのである。

その犬はすやすやと眠っているように、からだを少し丸めて埋葬されていた。あきらかに台湾の古代人は犬を食べるのではなく、ペットとして可愛がる人々だったのだ。

同様に日本の縄文人も、犬を食べたりはしなかった。青森県の三内《さんない》丸山《まるやま》遺跡といえば、約五千五百年前から四千年前までつづいた縄文時代最大の遺跡として知られる。そこから調理された痕跡《こんせき》を持つ犬の骨が一本も出土しないため、このような事実が推定できるのだ。

対して大陸渡来の弥生人は、備蓄された米の争奪をくり返す好戦的な生活を送り、犬も食べた。平安京の遺跡からも調理された犬の骨が出土するから、どうやら日本の犬は弥生時代の到来とともに長い受難の時代を迎えたようだ。

清少納言も〝猫派〟

では、その平安時代に猫はどう扱われていたのだろうか。一条天皇の中宮定子《ちゅうぐうていし》に仕えていた清少納言《せいしょうなごん》は、「うへにさぶらふ御猫《おんねこ》は」（『枕草子』）と始まる文章によって、一条天皇が飼い猫を可愛がっていたことを伝えている。

一条天皇は翁丸《おきなまる》と名づけた犬も飼っていたが、ある日、翁丸が昼寝をしていたその猫に走りかかると、天皇は猫をふところへ入れてやり、翁丸のことは打擲《ちょうちゃく》して遠島にせよと命じた。どうも王朝人にとって猫は犬にまさるペットだったらしく、『枕草子』には、

「猫は　上のかぎりくろくて、腹いとしろき」

という文章もある。猫は上の方だけ黒くて腹は真っ白なのがいいという意味だが、その『枕草子』に「犬は」と始まる文章はないことから見て、清少納言も〝猫派〟のひとりだったのだろう。

今日でも「クレア」などの女性誌がよく猫の特集を組む傾向にあるが、このような〝猫派〟の感覚は、歴史的に見れば王朝の世の貴族た

ちに始まると考えられる。

闘犬で滅んだ鎌倉幕府

対して、一条天皇に嫌われてしまった翁丸の子孫たちはどのような歩みをたどったのか。犬、特に大型で闘争本能の強いタイプは武士たちの好みに合い、鎌倉幕府最後の執権《しっけん》北条高時に至っては、月に十二回も「犬合《あわ》セノ日」を定めて闘犬をおこなわせた（『太平記』巻五）。

「一族大名御内《みうち》外様《とざま》ノ人々、或《あるい》ハ堂上ニ坐ヲ列《つら》ネ、或《あるいは》庭前ニ膝《ひざ》ヲ屈シテ見物ス。于時《ときに》両陣ノ犬共ヲ、一二百疋《ぴき》充《ずつ》放シ合セタリケレバ、入リ違ヒ追合《おいあい》テ、上ニ成《なり》下ニ成、噉合《かみあう》声天ヲ響《ひび》カシ地ヲ動《うご》カス」（同）

高時はこんなことに熱中して政治をおろそかにしたからこそ、元弘三年（一三三三）五月に新田義貞軍が鎌倉に攻めこむや、一族そろって自刃《じじん》に追いこまれてしまったのだ。土佐犬が人を嚙《か》み殺したというニュースには何度か接したことがあるが、闘犬好きが祟《たた》って身を滅ぼした例は高時ぐらいのものであろう。

さらに犬の話をつづけると、その後の中国（明国、清国）あるいはポルトガル、オランダとの貿易で唐犬《とうけん》という名の洋犬も日本に持ちこまれ、江戸初期に男伊達《おとこだて》を競った町奴《まちやっこ》のなかには「唐犬組」を率いた唐犬権兵衛《ごんべえ》という者もあらわれた。江戸時代の唐犬とはオランダから渡来した大型狩猟犬のことで、耳が立ち、尻尾《しっぽ》のくるりと巻いている在来種と違って耳と尻尾の垂れているのが最大の特徴である。

江戸時代が安定期を迎えるにつれて、大名たちの間ではこれらの唐犬を使った狩もおこなわれた。加賀百万石の五代藩主前田綱紀《つなのり》は少年時代から鳥が大好きだったが、寛文七年（一六六七）十月から十一月にかけて武州のうちで大規模な狩をおこなったことがある。

初めにあらわれた大猪は、「唐犬六七疋して」喰い倒した（『加賀藩史料』第四編）。つぎに出てきた大猪にも唐犬六、七匹が喰いつき、そのなかには綱紀のもっとも愛する「小六」という犬もまじっていた。

そこへ駆けつけたひとりが大緒に槍で止《とど》めを刺そうとし、誤って「小六」の上唇を傷つけてしまった。にわかに綱紀は機嫌が悪くなり、それに気づいた供の者たちは水を打ったように静まり返ったという。

唐犬は短毛種だが、寛文六年に中村惕斎《てきさい》が出版した絵入り事典『訓《きん》蒙図彙《もうずい》』には、もうひとつの大型犬として「獶犬《のう》」の絵が載せられている。これは「むくいぬ」のことで、唐犬同様耳と尻尾が垂れていることから洋犬と察しがつく。

また、同書には、

「小ナルヲ狗《いぬ》ト曰《いう》、大ナルヲ犬ト曰《いう》」

とあって、当時の日本人が在来種とそれより大型の唐犬、むくいぬを「犬」とし、小型犬と仔犬をひとまとめにして「狗」と表記していたことが知れる。「狗」すなわち愛玩犬の代表は狆《ちん》であり、こちらは闘犬や狩とは無縁の暮らしをしている大名家の姫君や遊女たちの間で圧倒的に人気があった。

関口すみ子『大江戸の姫さま――ペットからお輿入《こしい》れまで』によると、江戸時代に大円寺のあった港区三田四丁目から犬の墓石四基と猫のそれ一基が発掘され、うち三基には「御狆《おちん》」と記されていた。これらはこの寺を菩提寺《ぼだいじ》としていた薩摩《さつま》藩島津家のペットと見られるそうで、「御」がついている点、しかも「三田御屋鋪《おやしき》大奥御狆」という墓碑銘もあることから女主人のペットであったと見られる。

佐賀藩鍋島家といえば化け猫騒動が名高いが、島津家の女性たちには狆の好きな者が多かったらしく、『三田村鳶魚《えんぎょ》全集』（中央公論社）第三巻所収「御殿女中の研究」には、同家の養女となって十三代将軍徳川家定に輿入れした天璋院篤姫《てんしょういんあつひめ》について、そのお中臈《ちゅうろう》大岡ませ子の回想がある。

「旦那様（天璋院・原注）は狆がお好きであったのですが、温恭院《おんきょういん》様（家定・同）がお嫌いでしたから、猫をお飼いになりました。初めにお飼いになったのは、ミチ姫と名をお付けになりましたが、それは死んで、御中臈の飼猫の産んだのを一つお飼いになりまして、今度はサト姫という名をお付けになりました。御精進日には魚類がないので、その日の飼料にする泥鰌《どじょう》と松魚節《かつおぶし》が、一年に二十五両いったといいます。（略）

交尾期《さかりとき》になるとお庭から外へ出ます。お表（御表ではない。御側ではない奥の表方・原注）に頼んで捕えて貰うのです。表の者が名を聞きますから教えてやると、二三人ずつで、おさとさんおさとさんと呼んで捜します。いつもその呼びようがおかしいといって、一同が笑いました。（略）

この猫は十六年生きていました。じかに畳の上へは寝ません。旦那様のお裾の上へ寝たり、猫の布団がありまして、その上に寝たりしました」

猫の掛りは、大岡ませ子のほかにつゆ、はなのふたり、あわせて三人もいたという。すると、サト姫関係の出費はどれくらいになったのだろうか。

まず精進日の餌代《えさだい》だけで、十六年間に四百両。お中臈の給金は「金四十両（これを御合力金《ごごうりょくきん》といった・原注）、六人扶持《ぶち》、御蔵米四十石、年の末に御褒美金十両」。六人扶持は自分づきの者たちへの給与だったらしいのでこれを省くとしても、つゆ、はなのふたりもお中臈だったと仮定すると、三人の年収は金百二十両、蔵米百二十石、褒美金三十両。蔵米一石を一両とすると計二百七十両となり、十六年間では四千三百二十両。これに前述の餌代を足すと四千七百二十両という巨額になる。

将軍家定は不能者であり、篤姫はそれも承知の上で、薩摩藩主島津斉彬《なりあきら》に因果をふくめられて輿入れしたと考えられる。当然、サト姫はその孤閨《こけい》の淋しさをまぎらわすためのペットでもあったわけだが、それにしても高くつく存在ではあった。

豹は虎の雌?

さて、アジアにひろく棲息する大型のネコ科動物といえば、豹と虎である。ただし豹と虎は日本列島には棲《す》んでいなかったから、日本人が初めて目にしたそれは毛皮であった。

『日本書紀』によると、欽明《きんめい》天皇の六年（五四五）十一月、八カ月前に百済《くだら》へ派遣されていた膳臣巴提便《かしわでのおみはてび》が帰国し、天皇に虎の毛皮を献上してつぎのような口上を述べた。

「やつがれが百済の浜辺に出かけました際、日が暮れたので同行していたわが子とともにさる宿に泊まりました。ところが、わが子はいつの間にか姿を消して、行方不明になってしまいました。その夜は大雪になりましたので翌朝から探しはじめましたところ、虎の足跡がありました。鎧《よろい》を着、刀を持ってその足跡をたどってゆきますと、岬の陰から一頭の虎があらわれました。わが子の仇《かたき》、と刀を抜きますと、虎はやつがれの前へすすんできて、やつがれに嚙みつこうとして大きな口をあけました。やつがれはその舌を左手でつかみ、右手の剣で刺し殺して恨みを晴らしました。その虎の毛皮がこれでございます」
虎の舌をつかんだとは胡散臭《うさんくさ》いが、膳臣巴提便のせがれが虎に喰われた初の日本人、膳臣巴提便自身が虎狩に成功した日本人の第一号だったことは確かだろう。

それから百四十一年後、天武十五年（六八六）四月に新羅《しらぎ》から天武天皇のもとにやってきた使節が差し出した朝貢品のなかには、虎と豹の毛皮がふくまれていた。豹もまた朝鮮半島に多く棲息しており、その美しい毛皮は虎のそれとおなじように珍重されていたのだ。

それ以来、王朝人の間には豹と虎の毛皮ブームが起こったらしく、『続日本紀《しょくにほんぎ》』、霊亀元年（七一五）九月の項にはつぎのような記事がある。

「文武百寮六位以下、虎・豹・羆《ひぐま》皮及ビ金・銀ヲ用ヰ、鞍具並ビニ横刀帯端ニ飾ルヲ禁ズ」

江戸時代になってからも、上級武士たちは狩をおこなう際には虎毛《とらげ》尻鞘《しりざや》の太刀を佩《は》いた。その伝統は、早くも奈良時代から始まっていたようだ。

さらに平安時代の寛平《かんぴょう》二年（八九〇）には、初めて生きた虎の仔が日本へ運ばれてきた。動物好きだった宇多《うだ》天皇は、当時屈指の絵師巨《こ》勢金岡《せのかなおか》にこれを写生させている。戦国ただなかの天正年間（一五七三―九二）には明《みん》船が少なくとも二回は生きた虎を持ってきたはずだが、その後その虎がどうなったのかはわからない。

ただし『信長公記《しんちょうこうき》』永禄四年（一五六一）四月の項には、織田信長が平井久右衛門という人物に「豹の皮の大うつぼ」を与えた、と書かれている。空穂《うつぼ》とは矢を入れて背負う容器のことで、虎と豹の毛皮は古代から戦国時代まで一貫して武具を華麗に装飾するのに用いられていたことが知れよう。

しかし、このころの日本人には、豹とは虎の雌である、と信じている者が多かった。豹は虎よりはるかに小柄だから、その体格差を雌雄《しゆう》の違いと錯覚したのだ。

それでは毛皮談議はこれくらいにして、実際に日本人が虎ないし豹と戦った例を眺めることにしよう。時は文禄《ぶんろく》元年（一五九二）から慶《けい》長《ちょう》三年（一五九八）にかけての文禄・慶長の役の間、場所はむろん朝鮮半島である。

開戦に先んじて肥前名護屋に集結した日本軍は、約三十万人。順次釜山へ渡海するや「倭城《わじょう》」と呼ばれる日本式城郭を築きながら北進したことは知られているが、朝鮮では人が虎に襲われることを、

「虎害」

といった。

戦場となった地域には放置された戦死者の遺体を喰らうべく虎が多数出没し、ときには生きている兵をも襲った。日本の将兵のうちには腕と度胸を試すために虎狩をおこなった者も珍しくなく、それらの逸話は大正十三年（一九二四）に参謀本部が編纂《へんさん》した『日本戦史　朝鮮役』の「補伝」の部にまとめて収録された。

まずはその「補伝」から、吉川広家《きっかわひろいえ》家の足軽が豹に襲われた例を挙

げる。

「広家の足軽虎狩に罷《まか》り出、山の大岩の陰に鉄砲を構へ居り申す所に、岩のあなたへ豹一匹参り候ひて、彼者《かのもの》の匂ひを嗅《か》ぎ候ひて岩を飛び越え、喰ひ掛り申し候。鉄砲にて打ち申す儀は相成らず候につき、ヒシと組み候ひて谷へ落ち申し候うちに、脇差《わきざし》にて突き殺し申し候」

(句読点と送り仮名筆者、以下おなじ)


豹は頭から胴体にかけて成獣でも一・四メートル以下なので、首筋に牙《きば》を立てられない限り人間が勝つこともできるのだ。アフリカで鉄砲を離した際に豹に襲われたハンターが、組み敷かれながらも必死でその首を絞め、ついに絞め殺すことに成功した例もある。もっとも、半袖《はんそで》のサファリ・ルックだったそのハンターの両腕の皮膚は豹の爪にやられてズタズタになってしまったけれど。

文禄・慶長の役の「虎穴拉致事件」

豹に較《くら》べると虎は体長二・八メートルに達するものもあり、インドのベンガル虎には牛をその首に噛みついて殺し、そのからだを咥《くわ》えたまま二メートルの塀を飛び越えた例がある。当然、人間が組み打ちして勝つことはまず不可能だから、日本軍は鉄砲、槍、刀などによって虎に立ちむかった。

「補伝」には鉄砲で虎を撃ち殺した豊臣《とよとみ》大名として亀井茲矩《これのり》、加藤清正、黒田長政のケースを挙げているが、清正の場合は、虎が跳躍して飛びかかりながら大きく口をあけたとき、その喉《のど》に銃弾を撃ちこんで殺したという。

一時代前には「加藤清正虎退治」と称し、清正が猛虎に十文字槍を揮《ふる》って立ちむかうと、その槍穂の横に突き出た部分の一方が噛み砕かれ、片鎌の槍になってしまうという図柄がよくあった。これは後世に作られた想像図らしいが、通称を虎之助といった清正が虎退治に成功したことは事実のようだ。

黒田長政の場合は虎の額《ひたい》を鉄砲で撃ち、その虎はかたわらの岩穴のなかへ落下した。虎はすでに死んだと思ったのだろう、長政は、

「虎を上げよ」

と命じてその岩穴から離れてしまった。

しかし、虎の額を正面から銃撃すると、その弾丸は頭骨と表皮の間

を後頭部へまわりこんでしまうことがある。このようなとき、虎は衝撃で気絶して間もなく息を吹き返すもので、長政に撃たれた虎がその好例であった。

岩穴から引き上げられた虎はやがて蘇生し、ひとり番をしていた林太郎右衛門《たろうえもん》という者がそれに気づいて槍を口に突き入れると、その槍のケラ首を噛み砕いてしまった。太郎右衛門は、あらたに刀を抜いて虎を斬り殺した。

これとは別に、虎に噛みつかれた例もあった。

文禄四年（一五九五）三月十五日、昌原で虎狩をした島津義弘の中間《ちゅうげん》に上野権右衛門《ごんえもん》という者がいた。権右衛門が丈高い薄ヶ原《すすきがはら》に踏みこむと、千丈（約三〇三〇メートル）はある山の上から虎が咆哮《ほうこう》。千丈を一飛《いととび》にしてかれを嚙み殺し、そのまま口を離さず薄ヶ原より二、三間（約三・六〜五・五メートル）も高く投げ上げた。

嚙み殺された地点から遺体が落下した地点までの距離は百間（約一八二メートル）もあったというのは、目撃者たちが恐怖に目が眩《くら》んでいたためそう感じられたのか。ともかくその虎に対しては、帖佐六七、福永助十郎、長野助七郎の三人が立ちむかった。結果としてこの虎は打ち留められたものの、その前に帖佐六七の股間に嚙みついていた。その部分には、四つの歯形が残されたという。

おそらく竹製であろう、檻《おり》に豹や虎をおびき寄せて生け捕りする方法も考案されたらしく、文禄三年、吉川広家は釜山付近で捕らえた「長さ一丈（約三・〇三メートル）ばかりの大虎」を日本に送り、太閤秀吉の上覧に供した。翌年広家は豹も生け捕りにして送ってきたそうだから、日本人が虎と豹とは別種の生きものだと悟ったのはこれ以降のことかも知れない。

また文禄・慶長の役にあっては、虎に巣穴へ拉致《らち》されたにもかかわらず、奇跡的に生還を果たした者もいた。まことに興味深い話なので、ここは詳しく解説しよう。

褒美は「きん玉」姓

その人物は加藤清正家の足軽としか伝わらないので、仮にAとしておく。ともかくAは陣屋の内でぐっすり寝入っているところを虎に襲われ、衣服の襟《えり》を咥《くわ》えられて山の峰の巣穴へ運ばれてしまった。

Ａは途中でそうと気づいたが、脇差も差していなかったのでどうしようもない。虎がＡを「手玉に取り、遊び申し候」うちに朝日が昇り、虎は眠りはじめた。

「日本を罷《まか》り出候より生きて帰るべしとは存ぜず候へども、虎の餌《えさ》になるべきとは思ひも寄らず」

と涙を流したＡは、どうやら犬か猫を飼った経験があったようだ。ふと思いついて虎の腹や前足の付け根を掻《か》いてやると、虎はなお寝入りながらも四肢を伸ばして嬉しそうにする。そこでＡが〝虎口《ここう》からの脱出〟を思案するうちに、目に映った松の木に藤葛《ふじかずら》が絡みついていることに気づいた。

「この葛を喰ひ切り、一方の端を捩《ね》ぢ和らげ候ひて虎のキンのあたりを掻き擦《こす》り候へば、一入《ひとしお》よく寝申すにつき、藤葛にてキンをくくり、一方をば松によく結びつけ候ひてソロソロと這《は》ひ退《の》き申し候」

おそらくこの虎は戦死者の肉を喰らって満腹しており、Ａのことは〝保存食〟と考えて巣穴に持ち帰ったのだ。しかし、虎はＡが巣穴から這い下るうちに目を醒《さ》まし、追いかけようとして大きく跳躍した。

すると、どうなったか。

「くだんの葛にてキンを締め候ゆゑ、すなはち目を廻し、死に申し候」

なんと虎は、首ではなくキンを締められて死んでしまったのだ。こうして陣屋に帰ったＡは、同輩たちを案内して巣穴近くまでもどっていった。

どうやら同輩たちは、そんなことで虎が死ぬとは信じられなかったのだろう。だが、実際に仆《たお》れている虎を調べても、傷跡はひとつもなかった。その虎の死体を陣屋に運んだところ、清正はこれを聞いて褒美をやろうといい出した。

Aは姓を持たない身分の者だったので、清正は姓を与えることにした。しかもその姓は「きん玉」というものだったから、以後Aは「きん玉A」となってしまったことになる。

なお、加藤清正に仕えた家臣たちについては『加藤家御侍帳』という藩士名簿があり、私の架蔵する書籍のなかでは『肥後加藤侯分限《ぶげん》帳』と中野嘉太郎著『加藤清正伝』とに収録されている。この名簿のうちに「きん玉」姓の者は載っていないのだが、戦前の参謀本部が

『日本戦史　朝鮮役』に与太《よた》話を収録したとも思えない。あえてこの話を紹介するゆえんである。

享保の象ブーム

虎よりもさらに大きい動物に、象がいる。

かつて日本にはナウマン象がおり、狩猟の対象となっていたが、それは旧石器時代の話。文献史料にあらわれた象は、室町四代将軍足利義持の代だった応永十五年（一四〇八）六月二十二日、『若狭国守護職次第』に、

「南蛮船着岸（中略）彼帝より日本の国王へ進物、生象《いきぞう》一疋」

とあるのが初例だと小野武雄『見世物風俗図誌』はいう。

当時、幕府は明の永楽帝と使節を交換しあい、永楽帝はベトナムに交趾《コーチ》布政司を置いていた。そこから案ずるにこの象はベトナム生まれのインド象だったと思われるが、その後どうなったかはわからない。

それから実に三百二十年の歳月が流れ、享保十三年（一七二八）六月になると、清国の商人鄭大成なる者が広南（ベトナム）から「象の牝牡《ひんぼ》を船にのせて」長崎に入港。これは大ニュースだから、八代将軍徳川吉宗は江戸へつれてくるよう命じた。

だが、九月に牝《めす》は死んでしまい、翌年に牡《おす》のみが長崎を出発。京都では中御門《なかみかど》天皇の天覧に供され、六月二十五日に江戸の浜御殿に到着、二十七日には吉宗自身がこれを見学した。吉宗の正史『有徳院殿御実紀』には、この牡象のことがかなり詳しく書かれている。

「ことし三月かしこ（長崎）を出《いで》て。一日五里または三里をあゆみて。やうやく京にいる。こなた（将軍）よりことさらの御旨ありて。大内　院中へも引《ひか》しめられ叡覧《えいらん》あり。親王。公卿にもみなみせらる。めづらかなることとなれば。内にも　院にも人々つどひ。詩歌などあまた献ぜられしが。此月（六月）廿五日府（江戸）にいり。浜園の内につながれしを。けふめして御覧じ給ふなり。これより三家（徳川御三家）ならびに庶流の人の家までも。引せて見せしめらる」

初めてインド象を見た江戸っ子たちはすっかり感動し、象の足を模したものか、筒状の「象股引《ももひき》」を着用することが流行した。

本稿でこれまでに触れた動物たちとこの象が違っていたのは、長崎―京―江戸の街道付近に住む多くの人々の目に映し出されたということ。そのため象は、日中国交回復後に中国から日本へ贈られたパンダのように時ならぬ象ブームを巻き起こした。
そのブームについては、高島春雄がつぎのように要約している。
「ゾウ関係の書物や絵草子が出版され、ゾウの模様までが流行した。そのとき刊行された本に《霊象貢珍記》《馴象編》《馴象俗談》《象志》《象のみつぎ》《献象来歴》《三獣演談》《詠象詩》などがある。また、これよりさき一七〇一年（元禄十四）初世市川団十郎によって、《傾城王昭君《けいせいおうしょうくん》》という歌舞伎《かぶき》に仕組み、舞台の上でゾウを扱い話題を呼んだ。これはのちに〈歌舞伎十八番〉のうち《象引》の根源をなすものである」（『平凡社　世界大百科事典』）
鎖国がつづくと、社会自体も閉鎖的になる。まして珍獣などはめったにお目にかかれないから、享保の人々は初めて見た象に強烈なインパクトを感じたのであろう。

哀れ〝人喰い豹〟の脱走事件

とはいえ長崎は清国人とオランダ人に対しては開港されていたから、その後も珍獣は細々とながら輸入されつづけた。

寛政元年（一七八九）には、食火鶏《ひくいどり》（エミュー）が渡来。翌年には駝鳥《だちょう》もやってきて、寛政三年には人工的に作った駝鳥の見世物が流行した（『見世物風俗図誌』）。

このように珍獣が見世物の一種とされたところに、江戸時代の特徴がある。ために見世物マニアとでもいうべき人種も登場し、その代表格である小寺玉晁《こでらぎょくちょう》に至っては、文政元年（一八一八）から天保七年（一八三六）までの間に名古屋にきた見世物のすべてを見物し、『見世物雑志』（『新燕石十種』第五巻）という本まで書いてしまった。

私が同書を初めて読んだときに笑ってしまったのは、文政九年十一月に駱駝《らくだ》の牡牝を見たという記述のあとに、好事家たちの詠《よ》んだ「駱駝詩歌」が収められていたためであった。

「鶴の首亀の背中にさも似たり千歳《せんざい》らくだ万歳らくだ」

「立つたより寝て居たはうがらくだろう百のおあしを三ツおりにして」

当時の太平楽な時代の雰囲気が伝わってくるが、文政十三年四月八日には豹もやってきた。

「高さ三間計《ばかり》、幅弐間計、長サ五間計を青竹にて結《ゆい》（注略）、中に竹を植ゑ、喰物はなま肴《ざかな》又は鳩をはなてば飛付喰《とびつきくらう》、予が見物の日、其《その》鳩竹の間より立行《たちゆく》に、虎口の難のがれし也、又二羽め入《いれ》しに、何《ママ》なく取《とり》喰《くらう》、其いきほひたとふるにものなし」

小寺玉晁のマニアックなところは、その後この豹がどうなったか、という点まで追跡調査していることだ。

「此《この》豹爰《ここ》より伊勢路に行《ゆき》しが、如何《いか》なる事にや、松坂にてころせしとぞ、人共に死せしとなん」

おそらくこの豹は脱走し、人を喰い殺したため自分も殺されたのだろう。昭和の末に千葉県の寺で飼われていた虎が脱走し、大騒ぎになったのをなにやら思い起こさせる事件ではある。

新選組、芹沢鴨vs.大虎

安政五年（一八五八）六月十九日、日米修好通商条約が締結されると、開港地とされた横浜・長崎・箱館《はこだて》には外国人貿易商たちが大挙してやってきた。

そのなかには動物商もまじっていたらしく、文久元年《ぶんきゅう》（一八六一）秋には麹町の福聚院の境内《けいだい》で体長五尺あまりの虎が見世物とされた。文久三年四月には両国で三歳の牝象を見せたといわれ、これもインド象だったと思われる。

文久三年といえば新選組が結成された年でもあるが、この年の春には京の松原通烏丸《からすま》の因幡薬師の境内に大虎やオウム、インコの見世物

が掛かった。そのうちに、
「この世の中にあんな綺麗な鳥がいるものか、大虎も、あれは人間が朝鮮の虎の皮をかぶって動いているんだ」（子母沢寛『新選組物語』）
と噂が立ち、これを聞いたのが新選組の局長芹沢《せりざわ》鴨《かも》。
「ようし、俺が一つその虎の皮をかぶっている奴を痛めつけてやる。三四人一緒について来い」（同）
といって、出かけていった。同行した八木為三郎の回想がある。
「如何にも大きな虎で、太い鉄棒のはまった檻の中で、あっちへ行ったりこっちへ来たり歩るい《ママ》ている（略）、芹沢はずかずかと、いきなりこの虎の檻の前へ行って、すうーッと刀を抜くと、これを虎の鼻先きへえーッといって突出したものです。

みんなが『あッ』と驚き騒ぐと同時に、虎は物凄い声で『うおう……』と耳も裂けるように吼《ほ》えて芹沢をにらみました。流石《さすが》の芹沢も、少しおどろいたようで、刀を、ぱちーんと鞘へ納めると、

『これア本物だよ』

といって苦笑いしたものです」（同）

芹沢鴨の残した楽しいエピソードは、残念ながらこれぐらいしかない。

主人の危機を察したカラス

幕末は尊王攘夷派が天誅《てんちゅう》というの名のテロルをくり返した時代であり、

かれらはそろって外国人と舶来品を憎んだ。

憎悪の対象は輸入された動物たちにも及び、象の鼻の長いのが気に入らぬ、おれが斬ってやる、と叫んで刀を抜いた変なのもいた。柵のなかで飼われている食用の豚が臭いと怒り出し、「コロ」と呼ばれていた豚の仔を撫《な》で斬りにしてしまった者もいる。

これらの狂気が戊辰《ぼしん》戦争を起こすに至ったわけなので、最後にカラスを可愛がっていた仙台藩士に登場してもらおう。その名は細谷《ほそや》十太夫といい、慶応四年（一八六八）五月、奥州に名のある侠客《きようかく》五十七人を集めて「衝撃隊」を組織したことによって知られる。

「隊ノ服装ハ黒ノ筒袖、黒ノ小袴、紺ノ股引脚半《きやはん》、紺ノ足袋、紺ノ鉢巻トス、コハ専《もつぱ》ラ夜討《ようち》ヲナス計画ナルヲ以《もつ》テ暗夜ニ敵ノ発見ヲ避ク

ル便宜ヲ思ヒシナリ」（藤原相之助《あいのすけ》『仙台戊辰史』、句読点筆者）
この身なりはカラスのようなので、「衝撃隊」は「烏組《からす》」と呼ばれはじめた。細谷十太夫がカラスを飼ったきっかけについては、出撃後、ある茶屋にかれが休息していたときのこととして、つぎのような話が記録されている。
「鴉《からす》一羽飛ビ来《きた》リ、十太夫ガ膳ノ魚ヲ喰フ。十太夫怪《あやし》ミテ之《これ》ヲ主人ニ問ヘバ、児等《こら》ノ飼ヒ置ケル鴉ナリトイフ（略）。児等ニ金若干ヲ与へ、其ノ鴉ヲ購《あがな》ヒ、之《これ》ヲ輿《こし》ニモ、馬ニモ伴ヒテ、常ニ傍《かたわ》ラヲ離サズ侍《じ》セシメタリ。鴉ハヨク十太夫ニ馴《な》レ居リシトイフ」（同）
烏組の隊長は、本物のカラスとともに戦いつづけたわけである。
しかし、仙台藩にとって戦況は思わしくなく、明治元年（一八六八）九月十八日に明治新政府軍に降伏。十太夫も烏組を解散し、藩庁に出頭すると、監察三人が告げた。

「貴殿モ捕縛セラルベキ者ノ一人ナル故《ゆえ》、覚悟セラレヨ」（同）

十太夫は答えた。

「予ハ捕縛サル、為ニ出頭セシニアラザル故、出直シテ来《きた》ラン」（同）

そして帰宅すると、家人がいった。

「汝《なんじ》ノ飼ヒ置ケル鴉ハ突然一声啼《な》キテ斃死《へいし》セル故、何カ変事ノ生ズルニアラズヤト士卒一同不安ノ念ヲ懐《いだ》キ居レル」（同）

十太夫がいったん帰宅したのは脱走するためであり、監察三人はあきらかにかれを斬るつもりでいた。カラスは主人の危機を人間にはない感覚で察知したのだろうか、ほぼ同時刻に「カア！」と啼いたかと思うと、もう死んでいたというのだ。

細谷十太夫は、諱《いみな》を直英《なおひで》。のちに抗敵の罪を許され、西南戦争には陸軍少尉として出征。日清戦争に際しては、軍夫一千人の長として満州・台湾で活躍した風雲児である。帰国後は出家し、仙台北八番丁の龍雲院に住んで鴉仙《あせん》和尚と称した。この僧侶名から察するに、かれは晩年まで自分の身代わりのような死に方をしたカラスのことが忘れられず、別のカラスを飼育していたものと思われる。

人間は、人間同士のつきあいだけで生きてゆけるものではない。かならずどこかで動物たちとの交流が起こり、それが喜怒哀楽のもととなって人生を彩《いろど》る。

今回あれこれ紹介した日本人と動物にまつわる奇談の数々を、みなさんはどうお感じになっただろうか。

（「歴史通」二〇一〇年七月号）

戦う女たちの日本史

昭和二十五年（一九五〇）、長崎県平戸島の根獅子《ねしこ》で発見された弥生時代中期の女性人骨は、日本女性史に一石を投じてくれた。その女性の頭骨のてっぺんには、銅製の鏃《やじり》が垂直に突き刺さっていたのである。

この頭骨を調査した人類学者金関丈夫《たけお》は、つぎのように論じている。「女性がこのように鏃で負傷したということ、つまり、女性が戦場の前線にでたということは、どう解釈したらいいだろうか。いろいろの推理は成り立つが、しかし最もありそうな、そして、最も興味ある推理は、この女性がこの地の小さい集団の中での統率者であり、（略）戦争ともなれば、全集団の先頭に立って敵に向っただろう、という想像である」（「前線で戦死した巫女《みこ》」、『発掘から推理する』）

巫女とは「神につかえてその託宣を人に告げる女」（『日本国語大辞典』）、つまりシャーマンのこと。祭政の一致していた古代の部族国家にあっては、シャーマンが女性首長を兼ねるケースも大いにあり得た。『日本書紀』巻第九に記述される男装して朝鮮へ出兵した神功《じんぐう》皇后の事跡は史実ではないにせよ、『古事記』にも大和朝廷の遠征軍に平定された土蜘蛛《つちぐも》や熊襲《くまそ》など、当時日本各地に蟠踞《ばんきょ》していた先住土着勢力のうちには女性を首長とする部族の多かったことが記述されている。

常陸国《ひたちのくに》の油置売命《あぶらおきめのみこと》や寸津毗売《きつひめ》、豊後国にいた久津媛《ひさづひめ》や五馬媛《いつまひめ》、あるいは肥前国の大山田女《おおやまだめ》、狭山田女《さやまだめ》、八十女《やそめ》など。

「毗売」や「媛」とは「姫」のこと、「売《め》」は「女」に通じる単語であることなどを考えあわせると、大和朝廷によって統一される以前の倭《やまと》の諸国にあって女王を戴《いただ》く国は単に邪馬台国ばかりではなかった、と結論づけられるのだ。

そういえばギリシア神話にも戦いと狩猟を好み、弓を射る邪魔にならないよう右の乳房を切除していたという女だけの部族アマゾネスが登場する。根獅子で発見された弥生中期の女性も、アマゾネスのように兵たちを率いて敵陣に迫るうちに大木ないし断崖の下にさしかかり、その大木ないし崖の高みにひそんでいた敵の射手が真下にむけて放った矢を受けて倒れたのではあるまいか。

いずれにせよ、古代日本の女性たちが従事した仕事は農耕、採集、家事、育児だけではなかった。男たちとともに、戦場におもむくことも珍しくはなかったのである。

美人の巴御前、醜女の板額御前

さて、時代の進展とともに巫女が神に奉仕するだけの存在となるにつれ、敵と戦うという側面は武家政権のもとで発生した女武者に引きつがれた。

ふたたび『日本国語大辞典』を見れば女武者とは「武者の姿をした女性。武器を持って合戦する女性」のことだとあるが、源平合戦の時代の女武者の代表を源義仲の部将兼側室巴《ともえ》御前とすることに異論のある者はいないだろう。

『平家物語』巻第九「木《き》曾《その》最《さい》期《ご》」の章は、その姿を以下のように描いている。

「ともゑはいろしろく髪ながく、容顔まことにすぐれたり。ありがたきつよ弓《ゆみ》（めったにない剛弓を引く者）、せい《精》兵《びょう》、馬のうへ、かちだち（乗馬していようと、徒歩であろうと）、うち《打》物《もの》もッては鬼にも神にもあはふどいふ一人当千の兵《つわもの》也。究竟《くっきょう》のあら馬のり、悪所おとし（荒馬を乗りこなして険しい坂を下ることもできる者）、いくさといへば、さね（材質）よき鎧きせ、おほ太刀、つよ弓もたせて、まづ一方の大将にはむけられけり。度々《どど》の高名《こうみょう》、肩をならぶるものなし」

日本史にあらわれた女性のうち、一騎当千のつわものと形容された者は巴御前をもって嚆矢《こうし》とする。巴御前は源義仲とともに信濃の木曾谷から上京した女武者だから、生まれたのも木曾谷であったに違いない。木曾谷は木曾駒の産地でもあるからこそ、巴御前は「究竟のあら馬のり、悪所おとし」の者たり得たのであったろう。

やや遅れて鎌倉時代にあらわれた女武者としては、板額《はんがく》御前を挙げることができる。越後国の城資国《じょうすけくに》の娘として生まれた板額は、建仁《けんにん》元年（一二〇一）、甥《おい》の城資盛が鎌倉幕府に対して挙兵するや陣頭に立って奮闘。その姿は『吾妻鏡』巻十七に左のように特筆された。

「資盛已下《いか》の賊徒矢石を飛ばすこと雨脚に異《ことな》らず、（略）又資盛の姨《お》母《ば》有り、之《これ》を坂《ママ》額御前と号《なづ》く、女性の身たりと雖《いえど》も、百発百中の芸殆んど父兄に越ゆるなり、人挙《こぞ》って奇特と謂《い》ふ、此《この》合戦の日、殊《こと》に兵略を施し、童形の如《ごと》くに髪を上げしめ、腹巻（鎧の一種・筆者注）を著《つ》け、矢倉の上に居て、襲ひ到るの輩《やから》を射るに、之に中《あた》る者死せざる莫《な》し、（略）時に信濃国の住人藤沢四郎清親、城後の山に廻り、高所より能《よ》く之を窺《うかが》ひ見て矢を発《はな》つ、其《その》矢件《くだん》の女の左右の股《もも》を射通す、即ち倒るるの処、清親の郎等生虜《いけど》る、（略）姨母疵《きず》を被るの後、資盛敗北す」

このころ伝説の弓の名人といえば、八幡太郎源義家である。

「矢空《むな》しく発たず。中る所必ず斃《たお》る」

と『陸奥話記』にあるが、板額は義家が性を変えてこの世に蘇ったような猛女だったのだろう。ただしこちらは巴御前のような美女では

なかったらしく、その後、

「この板額が！」

といえば醜女に対する罵《ののし》りことばとして用いられた。また静岡方言で「はんがく」とは、おてんばのこと。他の地方で「はんかくおなご」「はんかん」「おはんき」などと訛《なま》ったことばは、出しゃばり、意地悪、浮気な娘など、総じてヒロインにはほど遠い女たちの形容として使われるようになった。

それはなぜか、と考察することは今は控え、つづけて戦国時代以降、関ヶ原の合戦以前に歴史を駆けぬけた女武者たちを二、三紹介してみる。

女武者は珍しくない!?

九州では大友宗麟《そうりん》の家老だった立花山城主立花道雪《どうせつ》の娘誾千代《ぎんちよ》が、父の死後に女城主となったことで知られている。

戦国の世の奥州黒川地方（のちの会津《あいづ》）は蘆名《あしな》氏の領土であったが、その十六代当主蘆名盛氏《もりうじ》には金上盛備《かながみもりはる》という部将がいた。その盛備と天下人豊臣秀吉とが、

「女も鎧着るとこそ聞け　姫百合がとも草ずりに花散りて」

という連歌を作ったことにはⅠの「夢は天下統一」で触れたが、このエピソードは、秀吉も金上盛備も女武者が存在するのを当然と感じていたことを示してあまりある。

前述したように板額御前は、敵の放った矢に「左右の股」を射通さ

れても命に別状はなかった。しかし、女武者が実戦の場に出れば、これまた当然のことながら討死《うちじに》する者も出てくる。

天正十年（一五八二）三月二日、織田信長の嫡男信忠の率いる大軍が信州高遠《たかとお》城に突入したことは高遠合戦と呼ばれているが、このとき守将であった武田勝頼の弟仁科盛信の配下には、諏訪《すわ》花という名の女武者も混じっていた。

この女武者についてもIの「戦う女　逃げる女」で触れたが、もう一度登場してもらおう。

「小幡五郎兵衛を始め城兵過半討死して二の丸も又攻《せめ》破られ詰《つめ》の城（本丸）へ引籠《ひきこも》る、暫《しばら》く有《あり》て城内より又四五十人突《つい》て出《い》で散々に攻戦う、中には諏訪勝右衛門頼清が女房、夫既に討死せしと聞《きき》て同じ道にと志し、紺糸の腹巻に丈なす黒髪乱しかけ弐尺計《ばか》りの長刀を持ち敵二三人懸《かけ》倒し人手にかゝらんとや思いけん、短刀を抜《ぬき》持ち自害して敵味方の目を驚かす」（『高遠記集成』）

女武者諏訪花の気迫あふれる最期《さいご》は高遠（現・長野県伊那市高遠町）の人々の心に強い印象を残したらしく、今日もこの女性は同町の五郎山《ごろうざん》にある仁科盛信の墓の近くに祀《まつ》られている。

さて、平成二十五年（二〇一三）放映のＮＨＫ大河ドラマ「八重の桜」の主人公山本八重は、会津藩士山本権八《ごんぱち》の娘として弘化二年（一八四五）十一月三日、若松城下（現・福島県会津若松市）に生まれた。八重は慶応四年（一八六八）八月二十三日、のちに明治新政府軍となる薩摩藩、長州藩、土佐藩その他の兵力が会津盆地へ突入すると、男装して腰に両刀をたばさみ、手には七連発のスペンサー銃と弾丸百発を持って籠城戦《ろうじょうせん》に参加したことによって名高い。同家には、「甲州の軍師山本勘助の後なりと云う」（永沢嘉巳男編『新島八重子回想録』所収、本井康博「解説」）

との伝承があったようだが、私は八重を長崎県平戸島根獅子で発見された弥生時代中期の女性人骨にはじまり、源平合戦の時代から戦国の世にかけて活躍した女武者の系譜を継ぐ存在と考えている。

それというのも八重には、ここまで紹介してきた女武者たちとの接点が少なからず感じ取れるからだ。

会津藩の初代藩主で徳川二代将軍秀忠《ひでただ》の庶子、三代家光《いえみつ》の異母弟として生まれた保科正之《ほしなまさゆき》は、元和《げんな》三年（一六一七）、信州高遠二万五千石（のち三万石）の藩主保科正光に養子入りしたため保科姓となったのであった。その正之は寛永《かんえい》十三年（一六三六）、出羽《でわ》山形二十万石へ転封《てんぽう》、同二十年に会津二十三万石へ再転封となって家臣団の育成に励んだ。

会津藩正史『家世実紀《かせいじつき》』に山本姓の藩士が記述されるのは延宝三年（一六七五）四月二十日以降のことなので、保科正之が高遠城に入ったころ、八重の先祖がどこで何をしていたのかははっきりしない。

しかし、甲州武田家の遺臣の血筋であればその旧領甲州あるいは信州のうちにいたであろう。そして、延宝三年に召し出されて会津藩士となった、と仮定するとにわかに八重の精神史が見えてくる。以下しばらく、私が八重を女武者の系譜を継ぐ者と見るゆえんを述べよう。

山本八重は女武者の系譜か

一、高遠城には山本勘助が縄張りしたとされる勘助曲輪《ぐるわ》があるので、八重は会津生まれであっても一度高遠へ行ってみたいと思っていたかも知れないこと。

二、その高遠城のある伊那谷は西の木曽谷と境を接しており、その木曽谷は巴御前を生んだ土地であること。

三、会津藩は越後のうちに津川、小出島《こいでじま》その他の飛地《とびち》領を持っているため越後との交流が深く、越後からあらわれた板額御前についても八重は今日のわれわれよりよく知っていたであろうこと。

四、高遠合戦に名を残した諏訪花についても、八重は保科正之が高遠藩主時代から仕えていた家筋の者たちから教えられていたと考えられること。

五、八重は歌道に秀《ひい》でていたから和歌や連歌についてもある程度以上の知識を有し、会津に伝わる「女も鎧着るとこそ聞け」の連歌を知っていた可能性もあること。

このように論じてくると、反論したくなるむきもあるかも知れない。私の予想する反論は、つぎのようなものだ。

「源平合戦の時代や戦国の世に女武者が登場した歴史があるからといって、幕末に活躍期を迎えた女性をその系譜を継ぐ者とみなすのは強引すぎませんかねえ」

このような意見はもっともなので、関ヶ原の合戦のころ、および江戸時代を迎えてからも女武者が少なからず存在したことに触れておこう。つぎに引用する拙文は、Ⅰの「戦う女　逃げる女」の一節である。

「真田幸村（信繁）の兄信之の正室小松殿も、気丈さでは人後に落ちない。なにしろその父は、生涯に五十七度の合戦に参加して手傷ひとつ受けなかった不敗の名将本多平八郎忠勝なのだ。（略）

関ヶ原前夜の慶長五年（一六〇〇）七月、家康の上杉景勝討伐に加わって日光街道の犬伏《いぬぶし》（現・栃木県佐野市）まで北上した信州上田城主真田昌幸と信之・幸村兄弟は、石田三成が伏見で挙兵したと知って今後のことを相談。昌幸・幸村父子は三成方につき、すでに家康の家臣となっている信之は家康と行動を共にすることにした。

そこで昌幸・幸村父子は上田城へもどろうとしたのだが、昌幸は途中で信之の持ち城沼田城へ立ち寄り、信之・小松殿夫妻の子供五人の顔を見ようとした。だが、小松殿は断じて入城することを許さない。怒った昌幸が、

『門を踏み破ってでも入城するぞ』

と怒鳴ると、小松殿は額に白鉢巻を締め、純緋の陣羽織と緋縅《ひおどし》の鎧を着たばかりか薙刀《なぎなた》をかいこんで多聞櫓《たもんやぐら》の二階にあらわれ、大見得を切った。

『門を踏み破るとは何者ぞ。殿（信之）は主君のお供をいたして出陣中なり。その留守に来《きた》りて狼藉《ろうぜき》に及ぶは曲者《くせもの》なれば、一同、出迎えてこれを討ち取れ』

義父が孫に会いに来た、とわかっていてもこのように対応すること が武門の女の作法であり、プライドでもあったのだ」

真田ファンにはよく知られているように、昌幸は天正十三年（一五八五）八月、兵力わずか二千によって徳川軍七千と戦い、みごとに二千以上を討ち留めた名将である（第一次上田合戦）。このあと上田城へもどった昌幸・幸村父子は兵力わずか二千五百によって関ヶ原へむかう徳川秀忠軍三万八千あまりとわたり合い（第二次上田合戦）、結果として秀忠を関ヶ原の合戦に遅参させるという大恥をかかせる。小松殿はそんな名将中の名将にむかって堂々と大見得を切った大変な女武者だった、ということである。

女の園のガード・ウーマン

それではその関ヶ原の合戦、大坂冬の陣・夏の陣と歴史がすすんで「徳川の平和」が確立されるにつれ、女武者は消えていったのかというとさにあらず。

「別式女《べっしきめ》」

ということばは『日本国語大辞典』にも『国史大辞典』にも立項されていないが、これは「女別式」(水戸藩)、「別式」(加賀藩、仙台藩ほか)、「刀婦」(薩摩藩、熊本藩)、「刀婦女」(長州藩)、「刀腰婦《とうようふ》」(尾張藩)などと呼ばれたのと同類の女たちを指す。別式女について詳しかった時代考証家といえば三田村鳶魚《えんぎょ》なので、つづいて『三田村鳶魚全集』第五巻所収「加賀騒動」から「刮目《かつもく》すべき別式女」の項を引いておく（カッコ内は、筆者注）。

「寛政度（一七八九―一八〇一）に書きました『黒甜瑣語《くろてんさご》』というもの、これは秋田の人の書いた随筆ですが、その中にこんなことが書いてある。諸大名の内に別式といって、大小をさした女がいる。風俗も眉を払って眉墨をしない、青く眉の跡が残っている。着物も対《つい》っ丈《たけ》（布地を身の丈とおなじ寸法に裁つ仕立て）に着て、（裾を）引き摺《ず》っていない、まことに軟弱な所のない、勇しい格好をして、利かぬ気な顔をしている。（略）

これは寛永（一六二四―四四）以来奴風《やっこふう》と称して、伊達奴《だてやっこ》が方々にいたのと同じことで、一種の流行のようになっておりました。従って武家の奥向でも武芸が盛んになって、竹刀《しない》打ちを致すのは勿論、鎌

（鎖鎌）・薙刀《なぎなた》・馬術などの稽古《けいこ》をする女が大分あった」

鳶魚は触れていないが、大名家の奥女中に別式女が含まれていたのは、戦国の女武者の伝統を受けついだこれらの女性たちによって不測の事態にそなえようとしたものと考えられる。

よく知られているように、大名家の奥御殿に出入りできる男はその家の当主と医者、十歳以下の男児のみ。そこで飼われる犬猫でさえ雌でなければならなかったから、たとえばその奥御殿住まいの正室、側室、老女などが外出して帰ってきた場合、その長棒引戸の乗物を担《かつ》いでいた中間たちは、奥御殿に通じる門から先には入れなかった。

だから奥女中のうちには、体力もあって乗物も軽々と担げる男っぽい女たちをふくめておく必要があったのだ。しかも、万一不届き者が奥御殿に侵入したり好色な奥女中がひそかに情人を引き入れたりした場合には、これを一撃で倒し、つまみ出せる人間も置いておかないと大変なことになりかねない。すなわち別式女とは、女の園の治安を守るガード・ウーマンだったといってよいだろう。

こう書いてくると思い出されるのは、三月に奥女中たちが宿下がりを許されるのにあわせて上演された芝居『加賀見山　旧錦絵《こきょうのにしきえ》』の題材となった事件である。

芝居の方は、さる大名家の奥向きをたばねるお局《つぼね》岩藤があるじのお手つきの中老尾上《おのえ》をいじめ抜き、ついにその頰を草履《ぞうり》で打つ、というストーリーで知られる。尾上は屈辱に堪えかねて自害、尾上に下女として仕えていたお初が岩藤を殺すという復讐劇として展開するこの物語は、鳶魚の「加賀見山旧錦絵」(『三田村鳶魚全集』第十八巻)によると、享保九年(一七二四)四月三日、石州浜田藩の江戸上屋敷奥御殿で発生した事件に材を得たという。

岩藤のモデルは落合沢野、尾上のモデルは当主松平康豊のお手つきだった岡本みち二十一歳、そしてお初とされたのは松田さつ二十四歳。さつが沢野をみちの遺体のある部屋へすかし寄せて仇討《あだうち》する光景を、鳶魚はつぎのように書いている。

「さつは透《すか》さず飛び掛って襟を執ったので、沢野も不意のことであるからびっくりして、これ何をすると叫んだ。さつは何をするとは知れたこと、この老耄《おいぼれ》め、よくあれを見よ、大切な我が主人に草履を抛《な》げ付け、ついに自害させたのを、腐れ目にも、よく見よや、若い人を口先で殺しながら、ぬくぬくと何気なくいようと思うか、主人の仇、このさつがこうして怨《うら》みを霽《はら》すのだ、死んで怨みが言いたくば、毎日なりとも来て言えと、遮二無二沢野を押し倒し、お道の死骸と打ち重ねて、お道が自害をした血染めの短刀、執る手も見せず沢野が咽喉へ突き立てて、思い知ったか、あら憎や、と三度まで、拳《こぶし》も通れと、力任せに差し通した。沢野はワッと一声叫んだのみで、ただ手足を藻掻《もが》くとみえたが、いと無造作に絶命してしまった」

「男装」でお咎めを受ける

松田さつは、実に度胸がよくて武芸にも秀でた女性だったのだ。

岡山俊信『鏡山事件』（鏡山お察義烈宣揚会）によると、さつは長門長府藩の足軽頭松田助八の娘として生まれ、醜女であり、かつ体格がよかったので「男おんな」「女の生まれそこない」などといわれながら育った。

武芸の方面では渋川流柔術を中川左膳について三年間、神風流《しんぷう》薙刀術を半田孫十郎について二年半学び、ともに免許を得た腕前。その半田道場を入門前に訪ねたときには弟子のひとりに絡まれ、一本背負いで投げ捨ててしまった。松田家に無心のため押しかけてきた浪人者《ろうにんもの》を苦もなくねじ伏せたこともあれば、両国橋から酔漢を大川へ投げこんだこともある。

さつは浜田藩の別式女ではなく、岡本みちに仕えた陪臣《ばいしん》にすぎない。だが、みちはさつの別式女も顔負けの異能ぶりを知ればこそ、自分の下女として採用したのではあるまいか。

このように戦う女たちの歴史を振り返ってみると、男装して左腰に大小をぶちこみ、スペンサー銃をつかんで敵を迎撃すべく鶴ヶ城へ駆けこんでいった山本八重は、決して珍奇な存在とはいえないようだ。八重は、弥生時代から連綿とつづいてきた戦う女性たちの歴史の延長線上に登場した、と見るべきなのではあるまいか。

さらに「男装」という点に注目すれば、保科正之が四代将軍家綱《いえつな》の輔弼役《ほひつやく》として活躍していた時代に、浅草の聖天町に「武道諸芸指南所」をひらいた佐々木留伊《るい》がいる。

留伊が外出するときは、色よき小袖に黒縮緬《ちりめん》の羽織姿、髪を頭巾に隠して細身の大小を帯び、素足に草履をはいていた。道場で弟子たちの稽古を見る際は「蒔絵《まきえ》の煙草盆をひかへ、刀脇差を置きたるすがた」であり、「美々しくも雄々しき有様、古今珍らしき女《ママ》」であったという（「青而者草」、稲垣史生編『武家編年事典』）。

留伊は一刀流の剣術、関口流の柔術のほか槍術や馬術も奥義に達していたため、白柄《しろつか》組その他の男伊達の者たちも留伊にだけは手出ししようとしなかった。しかし、その男とも女ともつかない姿形はやがて町奉行の見咎《みとが》めるところとなった。

「たいてい女は女の姿あるべし。しかるにその方が体《てい》はことを望むに似たり」（同）

と詰問されると、留伊は答えた。ごもっともなおたずねですが、私は下総《しもうさ》古河藩士佐々木武太夫《ぶだゆう》の娘にて、父が病死いたしまして男子がなかったため、女ひとり浪人した者でございます、と。

生前の武太夫は武芸百般に通じていたものの、決して弟子をとらない片意地者であった。

「武芸はもと（武士の）一分《いちぶん》のたしなみにして、主人の役に立てんより他なし、他に教へて売物同然にせんことは、武士の本意にあらず」（同）

と考えたかれは、留伊にのみ武芸の極意を伝授し、養子も定めることなく世を去ってしまった。

そのように身の上を語った留伊の、言い分はこうであった。

「あはれ女子《おなご》なれども家名は潰さじと存じ参らせしより、姿も心も男同様に心得（略）、もし私が心にかなふ同気の男あらば、父が片意地を譲りたく（略）とかく姿も心も夫を迎へるまでは、父が姿心と存じかくのごときに候、他家へ嫁することはいたさず、とかく女にてはあれども佐々木の家を興《おこ》し、男に譲り申すまでは、いつまでも男の女にて候」（同）

留伊は、古武士然とした父の気性を佐々木家の次代に伝えたいと願っている健気《けなげ》な女性だったのだ。

町奉行からそうと伝えられた古河藩主土井利重は、その心に感服。古河藩屈指の武辺者《ぶへんしゃ》小杉重左衛門の次男九十九《つくも》を留伊に配したので、佐々木家はめでたく再興されることになったという。

男まさりに戦った山本八重

ここでふたたび山本八重の「男装」を見ておくと、慶応四年（一八六八）八月二十三日の早朝、八重は鳥羽・伏見の戦いに討死した弟の三郎の敵《かたき》を取らねばならぬとの思いから、その形見の品である黒ラシャの筒袖服とだんぶくろ（細袴《ほそばかま》）に着更《きが》えて鶴ヶ城をめざしたのであった。

佐々木留伊の、自分の心にかなう男がいたら父の片意地を譲りたいという決意。八重の「一は主君のため一は弟のため、命のかぎり戦ふ決心」（「男装して会津城に入りたる当時の苦心」、「婦人世界」明治四十二年〈一九〇九〉十一月号）が、そろって「男装」によって表現されたのはまことに興味深い。

これが源平合戦あるいは戦国の世の女武者ならば、女性用の鎧をまとって出かける、ということになったはず。佐々木留伊や八重の場合はすでに重い鎧など過去のものとなった時代に生きていたため、戦うための身仕度といえば男装することとイコールであったのだろう。

さらに今日の柔道や剣道、空手などの試合を見れば一目でわかるように、かつて武芸と総称されてきたジャンルでは女性も男装して稽古や試合をおこなうのが通常のこととされている。幕末にもっとも人気のあった武芸は剣術だったと思われるが、この時代にも道場で指南をつとめる佐々木留伊の再来のような女剣士がいた。

その名は、千葉佐那《さな》。北辰一刀流開祖千葉周作の弟で、桶町《おけちよう》に道場をひらいていた千葉定吉《さだきち》の娘である。一時佐那と恋仲だった坂本龍馬が、姉乙女に宛《あ》てた文久三年(一八六三)の手紙にその横顔を書きつけている。

「今年廿六歳ニなり候。馬によくのり剣も余程手づよく、長刀《なぎなた》も出来、力《ちから》ハなみ〳〵の男子よりつよく、（略）かほかたち平井より少しよし」（『坂本龍馬全集』）

「平井」とは、龍馬の初恋の女性平井加尾のことである。

幕末に至っても女武者や別式女の系譜を継いだ女性たちは絶えなかったわけで、山本八重は鉄砲伝来以前の時代を生きた板額御前が強弓を射たように、山本家の家芸である鉄砲術と砲術によって敵を迎撃したのであった。

八重は子供のときから男子の真似《まね》をするのが好きで、十三歳のときには米入りの四斗俵を自由に四回まで肩の上へ上げ下げすることができた。石投げも男並みにやったそうだから、もしも会津藩松平家が国《くに》許《もと》で別式女を募ったら、八重は応じていたかも知れない。

会津藩にも別式女を置く制度があったかどうかよくわからなくなっているのは残念ながら、八重が銃砲とともにある程度以上、剣術にも通じていたであろうことはまず確実である。

慶応四年が明治改元されてまもない九月二十二日、会津藩が降伏開城式をおこなうと籠城者たちは三の丸へ移され、午後には新政府軍が入城してきた。そのときの思いを、八重はこう語り残した。

「其時《その》入城する西軍が、

『イヤア……イヤア……』

と、悪《にく》らしい程の大音声《だいおんじょう》にて続けざまに叫びつゝ、

『ドッドッドッド……』

と、三の丸に聞ゆる程の足音をたてつゝ殆《ほと》んど駈歩《かけあし》にて繰り込んだ、此《この》時の残念さ、無念さ一同思はず、

『ウム……残念……奸賊共《かんぞくども》……』

と、今にも斬つて入り腕のかぎり縦横に斬り捲《まく》つて死なふかと、殆んど衆心一致したのでありますが、（略）」（平石弁蔵『会津戊辰戦争』増補版）

大小をたばさんで入城した八重は、斬死《きりじに》することを考えたひとりだったに違いない。

さらに八重が剣術を修めていたことを暗黙のうちに示すのは、やや老いてから九月二十二日の夜に詠んだ和歌「明日の夜は何国《いずこ》の誰かな

がむらんなれし御城に残す月かげ」を書きつけた紙片とともに撮った記念写真である。

八重は紋付の小袖と袴を着用してふたたび男装し、右手に銃、左腰に両刀を佩用《はいよう》してポーズをとっている。八重というと即スペンサー銃によって戦った女性と思ってしまうが、今日も同志社社史資料センターに保存されているこの写真で注目すべきは、大刀の差し方である。八重の大刀は直立した姿を縦棒にたとえるなら十字に交《まじ》わる横棒のように差され、しかも帯に浅差しされているため、その柄《つか》はかなりからだの前方に突き出ている。

テレビや映画の時代劇によく登場する長屋住まいの浪人は、刀を深く差しこみ、しかも刀身を落とし差しにしている。これは尾羽打ち枯らしていつなんどきでも刀の鯉口《こいぐち》を切って抜刀するぞ、という気迫など持ちあわせていないことを示している。

対していつ敵に襲われても不思議ではない状況にある武士は、大刀をなるべく浅差しにして、しかも刀身が水平になるか、水平よりも柄先下がりになるか、という形にしておく。

こうしておけば敵が斬りかかってきたとき、そのからだはこちらの刀の間合いに早く入る。しかも刀に反《そ》りを打たせて抜刀すれば、前方へむかって繰り出された刀身はそのまま敵のからだに迫ってゆく。

「抜き即斬《そくざん》」といわれる至芸がこれだ、という点を頭に入れて八重のポーズを見直せば、八重が「抜き即斬」の動きに入りやすい実戦的な刀の差し方をしていることがわかるのだ。

八重とは別に城外で戦った中野孝子《こうこ》とその娘である竹子・優子姉妹など、後世「会津娘子《じょうし》軍」といわれた女性たちの主武器は薙刀であったが、彼女たちも大小を差していたことはまず間違いがないし、腕に自信のある者はやはり八重とおなじような差し方をしていたに違いない。

八重は平石弁蔵のインタビューを受けた時点（昭和二年〈一九二七〉、八十三歳のころか）で、今の時代に生まれていたら運動選手になっていたかも知れない、と語り残した。

男たちに負けじと戦った八重たちの精神は、第二次大戦中には「鬼畜米英」を倒すべく竹槍訓練に励んだ女たちを経由して、今はオリンピックの金メダリストとなった女子柔道家やレスリングの女王たちに受け継がれているのであろうか。

（「オール讀物」二〇一三年一月号）

堀尾吉晴「花の生涯」

「四季桜」

とは一般の桜と違って十月から開花し、翌年四月まで約半年間咲きつづけるヒガンザクラの一種である。

平成二十一年（二〇〇九）十一月十三日、名鉄犬山線布袋《ほてい》駅の近くにある堀尾跡《ほりおせき》公園（愛知県丹羽郡大口町）を訪れた私は、名のみ知る四季桜の楚々《そそ》たる姿を初めて眺めることができた。またこの四季桜には、島根県松江市から贈られたものだという解説板が添えられていた。

その松江市では、松江開府四百年ということで大いに気分が盛りあがっている。八月二十二日には「松江城を国宝にしよう市民の集い」という催しがあり、約五百五十人の参加者があったほど。松江市教育委員会文化財課の発行する「松江市ふるさと文庫」シリーズからも『堀尾吉晴——松江城への道』、『堀尾吉晴と忠氏——松江開府を成しとげた武将たち』などが刊行されて、一種の歴史ブームが起こっている。

右の出版物の題名がよく示すように、江戸時代の初期に出雲・隠岐《おき》二十四万石に封じられ、松江城を築いた武将の名は堀尾吉晴といった。松江城は慶長十二年（一六〇七）に築城がはじまり、翌年に吉晴自身が入城。慶長十六年六月に吉晴は死亡するものの、城郭は一月中に完成していた。

これにあわせて松江市は、平成十九年（二〇〇七）から二十三年までを開府四百年祭の期間と決定。さまざまなイベントをおこなって、宍道湖《しんじこ》と美しい城のある「湖都松江」を各方面にアピールしているのだ。

なお、愛知県大口町の堀尾跡公園とは、戦国時代には堀尾家がこの地に屋敷を構えていたことを記念して整備されたものである。いわば大口町と松江市は堀尾吉晴によってむすばれているからこそ、松江市はこの公園に四季桜を贈ることをためらわなかったのだ。

それにしても、かつて尾張国の土豪に過ぎなかった吉晴は、どのような人生行路の果てに二十四万石の大大名となることができたのか。

本稿では、乱世をきわめて実直に生きぬいた吉晴の生き方を振り返ってみよう。

源平合戦の時代から明治初年まで、武士階級の者は幼名、通称、諱《いみな》と少なくとも三つの名前を順に使用した。堀尾吉晴の場合は、幼名を仁王丸、元服して初めは小太郎、ついで茂助《もすけ》と称し、諱を吉晴といったのである（吉晴を可晴《よしはる》とする史料もあり）。

さては拾い首か

天文十二年（一五四三）、仁王丸は尾張国上郡御供所《かみごおりごくしょ》――今日の大口町に生まれた。父は堀尾泰晴という人物で国人《くにうど》（土豪）三十六人のうちのひとりにかぞえられており、一帯を統治していた。

しかし、仁王丸少年は麒麟児《きりんじ》だったわけではない。

「其比《そのころ》は物事おこがましく（さしでがましく）、しかじか世味《せいみ》（世情）なども得知《しら》ず（略）、父の跡を知らん事もいかゞ有べきか」（小瀬《おぜ》甫庵《ほあん》『太閤記』）

といわれていたというから、仁王丸は世間知らずでとても父のような器ではない、と見られていたわけである。

さて、このころ堀尾家が仕えていたのは上郡の岩倉城にいる織田信《のぶ》賢《かた》であり、信賢は一族である清須城主織田信長と対立していた。この対立は織田家の内乱に発展し、永禄元年（一五五八）春には信長勢約三千が岩倉城へ押し寄せた。守る信賢勢もほぼ同数の兵力だったようだが、ここでようやく大物の片鱗《へんりん》を見せたのが仁王丸。十六歳になっていたかれは、ある夜戦《いくさ》に出撃したかと思うと一番首を取ってもどってきたのだ。

ところが、城内の兵たちはこれを信じなかった。

「此《この》首はお仁王なにをして捕《とる》べきぞ」(同)

といって皆笑ったというのは、仁王丸が拾い首をしたと思われたことを物語る。拾い首とは、仲間の者が討った敵の首を拾って持ち帰り、自分の手柄と見せかける卑怯な行為のことである。

その翌日も仁王丸は出撃したのだが、いくさは信長勢の大勝利となり、信賢勢は散り散りになって敗走を余儀なくされた。だが、ひとり仁王丸のみは下馬して落ちつきはらっていたので、伯父の堀尾修理亮《しゅりのすけ》が見咎《みとが》めて声も荒く叱りつけた。

「なにをしたるさまぞ。急ぎ退《の》き候へ」（同）

すると仁王丸は、若党の山田小一郎がまだもどってきませんので、と答え、ようやく山田小一郎と合流してから引き揚げてきた。その悠然たる姿を見た人々は、

「さては前夕《ぜんせき》の首も仁王丸捕《とり》たるにこそ」（同）

と語りあい、ようやく仁王丸がかつてと違ってみごとな若武者に育っていたことを認めたのであった。

この合戦は主戦場となった土地の名を取って「浮野《うきの》合戦」と呼ばれることになるのだが、七月十二日に起こった戦いに信賢は名のある者千二百五十余を討たれてしまい、永禄二年三月に降伏したため、信長は尾張一国をほぼ統一することができた。岩倉城に籠っていた兵たち

は、「ちりぢり思ひ思ひまかり退き」（『信長公記』）という運命をたどり、堀尾泰晴・仁王丸父子もやむなく牢人暮らしをする羽目になった。

美女と見紛う美青年

新井白石《あらいはくせき》『藩翰譜《はんかんふ》』の「堀尾」の項に、つぎのような一文が見える。

「按ずるに、吉晴が事、小瀬甫庵が記せる太閤記に詳《つまび》らかなり。小瀬は吉晴を眼《ま》のあたり知れる人なれば、伝ふる所誤らじ」

そこでふたたび『太閤記』を見ると、牢人する前後、すなわち仁王丸から小太郎のちに茂助と名を改めた十七歳のこの人物の姿は左のように描かれている。

「物まめやかに美婦人のやうに有《あり》しが、云《いう》べき事あれば相手をも不嫌《きらわざり》き」

こまやかな心遣いのできるようになっていた茂助は美女と見紛《みまが》う美青年であったが、思うことは臆せず率直に口にする性格だったというのである。

その茂助がどのような牢人生活を送っていたかをあきらかにしたのは、平成七年（一九九五）に松江今井書店から出版された島田成矩《しげのり》の労作『堀尾吉晴』であった。同書によると、牢人した茂助は伊勢、尾張のうちを流浪した果てに永禄五年（一五六二）、二十歳にして美濃へおもむき、猟師をして生計を立てた。すると永禄七年、信長の家臣木下藤吉郎のちの豊臣秀吉が美濃の稲葉山へやってきて、間道で獣を狩る茂助と出会い、茂助はこれをきっかけとして藤吉郎に仕えることになったのだ。

ついでに信長のこのころの動向を眺めておくと、永禄三年五月十九日に「東海一の弓取り」といわれていた今川義元を桶狭間《おけはざま》で討ち取ったあと、かれは本拠地を清須城から小牧山城へ移しつつ美濃稲葉山城の斎藤龍興《たつおき》と一進一退の攻防をくりひろげていた。藤吉郎が稲葉山へあらわれたのも敵状を偵察しようとしてのことであり、おのずと茂助も以後はその美濃攻めに参加することになる。

永禄十年九月、ついに稲葉山城を落として斎藤龍興を追った信長は、同城下の井の口を岐阜と改称して岐阜城を営んだ。そのあとの信長は、騎虎《きこ》の勢い。翌年には畿内を支配下においてさらにその翌年には伊勢をも奪い、室町最後の将軍足利義昭すらかれに臣従するに至る。

ところがここに、信長の上京命令に従わない戦国大名がひとりいた。越前の朝倉義景《よしかげ》である。

信長が「誠に一騎当千」と

そこで元亀元年（一五七〇）四月二十五日、信長はまず越前敦賀《つるが》に侵入して朝倉勢の首千三百七十を取り、手筒山城を陥落させた。二十六日にはおなじく敦賀の金ヶ崎、疋田《ひきだ》の両城も奪取したので、ここに木ノ芽峠を越えて越前に乱入する態勢が整ったのである。しかしこのとき、思いがけない事態が起こった。近江の小谷城主浅井《あざい》長政は信長の妹で「戦国一の名花」といわれたお市の方を正妻に迎え、織田・浅井の両家は同盟関係で結ばれていた。というのにその浅井長政が朝倉家に通じ、信長を背後から襲う気配をみなぎらせたのだ。

正面に朝倉勢、背後に浅井勢を見る形になっては、信長の運命は風前の灯《ともしび》。二十八日夜、金ヶ崎城に木下藤吉郎だけを残した信長は、からくも虎口を逃れて三十日に京へもどることができた。いわゆる「金ヶ崎の退《の》き口《ぐち》」とは、この撤退行のことをいう。

ここから浅井・朝倉連合軍一万五千と織田・徳川連合軍二万八千が近江の姉川を挟《はさ》んで対峙《たいじ》することになるのだが（姉川の合戦）、浅井家の持ち城のひとつに琵琶湖の長浜に近い横山城がある。この城を偵察しに行った堀尾茂助（小太郎）の動きを、『藩翰譜』はつぎのように記述している。

「吉晴、童名仁王丸、小太郎と改めて秀吉朝臣に従ふ。浅井が兵起こりし時、秀吉の使《つかい》として岐阜の城に参りて、此の由を織田殿に告げて帰る時、兵一騎、横山の城に向かひ、浅井が物見の兵と戦ひて、首取つて秀吉に参らす。秀吉、大きに感じ給ひ、小太郎具して岐阜に参り、彼《か》の首を献《けんじ》られしかば、織田殿、小太郎が振舞ひ誠に一騎当千と謂《い》ひつべし。今よりは信長めし仕ふべき者なり、と仰せありて、御刀を賜ひぬ。此の後、常に秀吉の手に属す」

これ以前の茂助は、木下藤吉郎が勝手に採用した家臣だから、信長にとっては陪臣に過ぎなかった。それがこの手柄によって、信長の直《じき》臣《しん》であり、藤吉郎に与力《よりき》する者と認められたのである。

『堀尾吉晴』に写真が掲載されている堀尾家略年譜では、このとき信長は、

「小太郎ハ我者《わがもの》ゾ」

と声を掛けたことになっている。これは信長がかれを織田家の勇士と認めたということだから、さぞや茂助は面目をほどこしたことであろう。

「仏茂助」から「鬼茂助」へ

天正元年（一五七三）八月に信長が朝倉義景と浅井長政を滅ぼすと、木下藤吉郎は北近江三郡十二万石あまりを与えられて小谷城主となり、羽柴秀吉と改名。翌年には内陸の小谷から水運の便のよい琵琶湖東岸の今浜に築城を開始し、これを長浜城と名づけた。

堀尾茂助は初め百五十石、のち三百石を受ける身となり、秀吉の馬廻りに採り立てられた。馬廻りとは主将の乗る馬の周辺を警護する親衛隊だから、体力と武力にすぐれた者しか登用《とうよう》されない。

その後の茂助の歩みを眺めて感心するのは、信長・秀吉の起こしたほとんどすべての合戦に加わっていることである。詳しく述べているとページを取り過ぎるので、以下しばらく略年表記風に記述しよう。

天正三年（一五七五）五月、長篠の戦い（対武田勝頼戦）に参戦。首ふたつを取り、信長から「堀尾ハ毎度の事」といわれる（『堀尾吉晴』）。

同四年四月、石山本願寺攻めに加わって敵の鉄砲百挺《ちょう》に狙撃され、母衣《ほろ》に十八発も命中して掠《かす》り傷を負ったにもかかわらず、貝殻塚の地を奪取。

同五年八月、丹波国に起こった一揆《いっき》の平定に参加。首級三十六を討ち取り、秀吉からつぎのようなことばを掛けられる。

「扨《さて》も扨も仏茂助といはれつる名にしおはぬ（似合わない）手柄かな。仏は人を助くる物なるに、還《かえっ》て首を捕《とり》たるよな。けふよりは鬼茂助と云《いう》べし」（『太閤記』）

かつて若党の山田小一郎が出撃戦からもどらないのを案じた逸話から知れるように、茂助には人に優しいという側面があった。そのため「仏茂助」と渾名《あだな》されていたのだが、あまりの猛勇ぶりに感心した秀吉が、以後は「鬼茂助」と名前を変えよ、といったというのである。

同年十月、播磨《はりま》・但馬《たじま》へ出陣。但馬の尾白山で毛利家の名のある武将と一騎打ちし、十三カ所に負傷しながら首を取る。

同六年三月、播州三木城攻め（対別所長治《ながはる》戦）に参加。黒地白抜きに分銅紋を描いた旗三本、馬印十本を拝領し、甲賀衆百人を預かる。

同九年十月、因幡《いなば》の鳥取城攻め（対吉川経家《きっかわつねいえ》戦）に参戦。吉川経家ほか二名が籠城者たちの助命を交換条件として切腹することになると、その検視役をつとめる。

中国大返し

同十年五月、備中高松城の水攻めに加わり、毛利方の城将清水宗治《むねはる》ほか二名が切腹することになると、ふたたび秀吉に指名されてその検視役をつとめる。

当日の六月四日、茂助は清水宗治らの乗った舟に別の舟で近づき、酒樽と肴《さかな》を贈った上でこう挨拶した。
「是《これ》は羽柴近習《きんじゅう》堀尾茂助と申《もうす》者にて侍《はべ》る。何事におひても、御望《おのぞみ》の事あらば被仰聞《おおせきけられ》候へ。筑前守（秀吉）も各《おのおの》御存分之結構（潔い覚悟）深く感じ申《もうす》之条、聊《いささかも》相違之儀有間敷《あるまじく》候。さすが城主に任ぜられし験《しるし》故《ゆえ》、諸人を御哀憐、返々《かえすがえす》も神妙に侍るよし」（同）
　このとき、茂助は四十歳。戦乱の世に人となったかれは、死を目前にした敵将に対してもきちんと応接できるセンスをすでに身につけていた。
　だが、清水宗治らの切腹に先立つ六月二日、京の本能寺にいた信長は明智光秀に攻められ、自刃していた。三日のうちにそうと知らされていたため秀吉は清水宗治らに切腹を強《し》いて包囲を解くことにしたのであり、五日に高松城を受け取った秀吉は大急ぎで帰京することにした。いわゆる「中国大返し」。

その後、歴史の歯車は秀吉を軸として回転しはじめ、かれが同年同月の山崎の合戦（対明智光秀戦）、天正十一年四月の賤《しず》ヶ岳《がたけ》の合戦（対柴田勝家戦）に勝利して天下人となったことは周知の通り。山崎の合戦に際して明智勢の先鋒《せんぽう》松田太郎左衛門と激闘した茂助の姿は、つぎのように描かれた。

「松田即ち七百余人、鉄砲の者三百人を将《ひき》ゐて天王山へ上るの処に、秀吉先立つて是を下知《げち》し、堀久太郎秀政《ひでまさ》、堀尾茂助吉晴等、手勢を率して天王山に陣取らしめ、争ひ進んで攻め戦ひ、忽《たちま》ち松田を伐崩《きりくず》して数輩討捕《うちと》り、追散《おいちら》しぬ」（『織田軍記』）

「生死は天命なり」

堀尾茂助はこうして秀吉が天下人になることを助ける存在となってゆくのだが、賤ヶ岳の合戦がはじまる直前の天正十一年四月十七日、秀吉勢は長浜城を出て美濃の大垣に着陣していた。岐阜城を与えられている信長の三男神戸《かんべ》信孝が柴田勝家と結び、秀吉に対抗しようとしたからである。

しかし、二十日から賤ヶ岳で柴田勢との前哨戦がはじまったため、秀吉本軍は急ぎこちらへむかうことになる。ところがこのとき、秀吉には不安の種がひとつあった。大垣城主氏家直通《なおみち》の弟行広に、柴田・神戸軍に通じる気配が感じられたのだ。

そこで秀吉は出立前に茂助を呼び、ひそかに命じた。

「其方《そのほう》が一命を請事有《こうことある》ぞとよ。汝は当城に残り候て、若《もし》氏家内膳正《ないぜんのかみ》(行広)心がはりなる色見えしかば、よきに計ひ候へ」(『太閤記』)

茂助は、謹んで答えた。

「御諚《ごじょう》畏《かしこまり》て奉りぬ。一命を進じをく(捧げる)事は本《もと》より、左《さ》もあらでは不レ叶事《かなわざる》なり」(同)

もし氏家行広が裏切れば、茂助は殺されてしまう。だからこそ秀吉は、おれに命をくれと申し入れた。だが、もともと茂助は主君に命を捧げるのは当然のことと考えていたのである。

しかも、案ずるより産むが易し。氏家行広は動かなかったので茂助も賤ヶ岳の合戦に参加し、騎馬武者ひとりを討ち取ることができた。

この戦いに敗れた結果、柴田勝家・お市の方（元浅井長政正室）夫妻は自刃し、神戸信孝も五月二日にその後を追った。

そこで秀吉は諸将に論功行賞をおこなうことになり、茂助には若狭の高浜城と一万七千石の封土が与えられた。永禄二年（一五五九）、十七歳のときからおよそ五年間牢人暮らしを余儀なくされた茂助は、四十一歳にして城持ち大名となることができたのだ。

それでも、茂助の戦いはまだおわらない。

天正十二年（一五八四）一月には信長の次男信雄《のぶかつ》が徳川家康と手を結び、秀吉と対決する構えを示した。こうしてはじまったのが、小牧・長久手《ながくて》の合戦。まだ築城中だった大坂城から出動した秀吉勢十二万のなかには、むろん茂助もふくまれていた。

四月九日、家康は秀吉勢のうち三好信吉（のち豊臣秀次）、池田恒興《つねおき》、森長可《ながよし》を打ち破り、恒興と長可は討死してしまう。しかし、その後はかばかしい戦闘は起こらず、六月に秀吉はいったん退陣することにした。

このように敵の面前で兵を返すときは、勢いに乗った敵が殿軍《しんがり》を追尾してきて乱戦になる危険がある。そのため退陣に際しては殿軍の大将には武功の士が選ばれることになっていて、

「しっぱらいの巧者」

と評価されることは、先鋒の将に指名されるのと同様に武門の名誉

とされていた。

そして尾張国春日井郡志談郷《しだみ》の龍泉寺《りゅうせんじ》から兵を返すに際し、秀吉は指名した。

「殿《しっぱらい》は堀尾茂助仕《つかまつり》候へ」（同）

すでに吉晴と諱を定めていた茂助は、静かに答えた。

「御心安《やすく》おぼされ、ゆるゆると川を御越《おこえ》候へ。某《それがし》是にあらん程は、能《よき》に沙汰し可レ申《もうすべし》」（同）

このときも堀尾吉晴は、秀吉に代わって死ぬ覚悟だったに違いない。弓足軽、鉄砲足軽、雑兵《ぞうひょう》あわせて八百ばかりの兵を率いて殿軍をつとめた吉晴は、はたして翌日の夜、敵の大軍に取りかこまれた。矢と鉄砲が撃ちこまれ、法螺貝《ほらがい》と鯨波《とき》の声に押しつつまれて浮足立った兵たちは、離れ離れになって逃れようとする。
それを見た吉晴は、実に的確に指令した。
「かやうの時、すさまじきに驚き、わきみちをゆけば、悉《ことごと》くうたるゝ物ぞ。心を一つに定め、生死は天命なりと思ひ極め、只真団《まんまる》に成《なり》て退《のき》候へ」（同）
このような危地にあっても、吉晴は平常心を失わない名将だったのである。それでも敵がしつこく追尾してくると、吉晴は馬首を返して相手を突き倒し、首を奪って引くことを五、六回くり返した。その家臣団がおなじように戦って引いてくると、吉晴は地面に折り敷き、酒を一、二杯飲んでは松田左近衛門尉《さこんえもんのじょう》という者にも酒を差してやるゆとりを見せた。

するとそのうち敵も追尾を諦《あきら》めたため、秀吉本軍は無事に退陣することができたのだ。小瀬甫庵がこのときの吉晴の働きを、「敵（家康）は名将と云《いい》、多勢と云い、大利を得られし上に、度々《たびたび》苦戦して故なく（無事に）退しは、手柄なるべきか」（同）と高く評価しているのはもっともなことであろう。

日本女性の書いた三大名文

秀吉が従一位《じゅいちい》、関白に就任したのは、天正十三年（一五八五）七月のこと。かれが羽柴姓から豊臣姓に変わったのは九月のことだが、このころの堀尾吉晴について谷口克広『織田信長家臣人名辞典』は左のように要約している。

「同年閏《うるう》八月二十二日、移封されて近江佐和山四万石となる（略）。そして近江の大部分を与えられた秀次（秀吉の長子・筆者注）の家老として付属された（略）。九州陣にも従軍。この頃、従五位下帯刀先生《じゅごいげたちはきせんじょう》、豊臣氏の姓を受ける（略）」

「帯刀先生」とは官職名のことで、別名を「帯刀の長《おさ》」。これは、東宮坊を守る帯刀の舎人《とねり》たちの長官を意味する。かれは公式の席では、豊臣帯刀先生吉晴と名乗る身となったのだ。

吉晴は天正十八年二月にはじまった小田原北条氏攻めにも参加したが、このとき堀尾家は悲劇に見舞われた。十八歳の若さで吉晴に同行していた長男金助が、病死してしまったのである。

それを知って深く嘆いた金助の母は、その三十三回忌が巡ってくると熱田の精進川に架かっていた裁断橋を架け替えて、その擬宝珠《ぎぼうしゅ》にこう刻んだ。

「てんしやう十八年二月／十八日にをだはら《小田原》への／御ぢん《陣》ほりをきん助と／申《もうす》十八になりたる子を／たゝせてより又ふため《二目》／とも見ざるかなしさの／あまりにいまこのはし／をかける成《なり》はは《母》の／身にはらくるい《落涙》と／もなりそくしんじやう《即身成》／ぶつ《仏》し給へ／いつがんせい《逸岩成》しゆん《俊》（金助の戒名）と後／のよ《世》の又のちまで此／かきつけを見る人は／念仏申《もうし》給へや卅三／年のくやう《供養》也」（濁点筆者）

金助の死から三十二年たってもその面影を忘れられない母の心が、惻々《そくそく》と胸に迫る。そのため右の文章は、本居宣長の母の手紙、野口英世の母の手紙とともに日本女性の書いた三大名文のひとつといわれており、この哀しい物語は『悲願の橋』というタイトルのもと、昭和五十四年（一九七九）刊行の教科書『小学校　国語　五年上』（学校図書）にも採用された。さらに平成八年（一九九六）に竣工した前述の堀尾跡公園にはこの裁断橋が復元されたほか、大口町民劇団「ほほえみ」が『我が思いこの橋に生きて』を上演したこともある。

乱世の哀話は、このような形で今日に伝えられることもあるのだ。

話を金助から吉晴にもどすと、小田原開城後の天正十八年七月十三日、かれは近江佐和山四万石から遠江《とおとうみ》浜松十二万石へ移封《いほう》され、一気に三倍の大身《たいしん》となった。これは家康が駿河・遠江・三河の三カ国から関八州へ移封されたのを受けての措置である。

それでも吉晴の戦いは、まだおわらなかった。まもなく陸奥《むつ》の南部家の家臣九戸政実《くのへまさざね》が背いたので、秀吉は蒲生氏郷《がもううじさと》を主将とする大軍を派遣することに決定。吉晴は目代《もくだい》としてこれに同行するよう命じられたのだ。

目代とは秀吉の名代《みようだい》という意味だから、実戦には出ることなく諸軍の働きぶりをチェックしていればよい。それが面白くなかった吉晴は、明日はいよいよ九戸城攻めと決まった八月一日の軍評定《いくさ》の席には、仮病を使ってあらわれなかった。これは、自軍が前線の遠くに配備されるのを嫌ってのこと。

そして二日夜に先陣を切った吉晴は、蒲生氏郷が立ちはだかって咎めようとすると目を三角にして叫んだ。

「（それがし）今日先をかくべき旨御諚なり。おのれらはいかゞ知《しる》べきぞ」（『太閤記』）

吉晴に先鋒が命じられていた、というのはむろん大嘘である。

しかし、吉晴勢は長駆進撃。九戸城の三の丸、二の丸、本丸をその日のうちに攻め落とし、首級七百五十を秀吉のもとへ送り届けた。秀吉が八月四日付で吉晴に与えた感状には、

「今般《このたび》陣中第一の手柄、まことに日本無双の剛の者たるべき也」（同、読み下し筆者）

と最大の褒めことばがならんでいた。

このころ秀吉は前関白《さきのかんぱく》を意味する太閤と称し、尾張・伊勢百万石を領有する豊臣秀次を関白に就任させていた。

ところが秀次は、次第に暗愚な本性をあらわしはじめた。鉄砲や弓の稽古と称して洛外に出かけ、農民や旅人を射殺したり刀の試し斬りのために家臣たちから罪なき科人《とがにん》を差し出させたりし、「関白殿千人斬りさせられ候」（『太閤さま軍記のうち』）と噂されるようになったのだ。

しかも文禄二年（一五九三）八月三日、秀吉の愛妾淀君はお拾《ひろい》（のちの秀頼）を出産した。これによって秀吉は秀次を見限り、文禄四年七月初めに当人を伏見城へ出頭させることにした。

汝が命、三度くれけるよな

秀次を迎える使者に選ばれた五人のひとりが、堀尾吉晴。しかし、秀吉は京へむかった吉晴に引き返すよう命じ、伏見城へもどってきたかれにこう囁《ささや》いた。
「彼徒者《かのいたずらもの》（こちらの意図を）察し候て不レ来事《きたらざる》もあらば、何とか致すべきぞ」（『太閤記』）
対して吉晴が、
「御心を安《やす》むぜられ候へ。よきに計ひ可レ申《もうすべし》」（同）
と答えたのは、秀次が出頭を拒んだ場合は刺し違えて死ぬ覚悟だったからにほかならない。そうと気づいた秀吉は、涙ぐんで答えた。
「汝が命を此度《このたび》と、三度くれけるよな」（同）
天正十一年四月の大垣城残留、同十二年六月の龍泉寺からの撤退戦と吉晴が二度命を捨てようとしたことを、秀吉はよく覚えていた。それがこのようなことばとなってあらわれたのである。

秀次は七月八日に伏見に出頭、高野山に登って自刃したので、吉晴は今度も命を捨てることにはならなかった。

一方の秀吉は慶長三年（一五九八）八月十八日、六十三歳をもって逝去することになるのだが、このころの豊臣政権は五大老・三中老・五奉行によって運営されていた。

五大老とは、徳川家康、前田利家、宇喜多《うきた》秀家、毛利輝元、上杉景勝《かげかつ》のこと。

三中老とは、中村一氏《かずうじ》、堀尾吉晴、生駒親正《いこまちかまさ》のこと。

五奉行とは、浅野長政、石田三成、増田《ました》長盛、長束《なつか》正家、前田玄以《げんい》のこと。

中老は大老と奉行の間にあって、不和になりがちな両者を調停する役まわりである。

これらの者たちのうち、問題は家康であった。大名家が豊臣家の許可なく婚姻《こんいん》関係を結ぶことは禁止されているというのに、かれはこの掟《おきて》を無視して伊達政宗、福島正則、蜂須賀《はちすか》家政らと私婚しようとしたのだ。

怒った四大老五奉行の間に立ちはだかった者こそ、中老のひとり堀尾吉晴。

「先君（秀吉）遺命に曰く、十人（五大老五奉行）協和せよ」（岡谷《おかのや》繁実《しげざね》『名将言行録』）

とその十人を説得した吉晴は、まず家康から秀吉の遺命を守るとの誓紙を差し出させ、ついでほかの九人からも誓紙を取った。吉晴は五大老五奉行の間に私戦がはじまることを、からくも未然に防ぐ政治的手腕の持ち主になっていたのである。

家康は、九人に告げた。

「吉晴調和を掌《つかさど》れり。誓書は悉《ことごと》く吉晴に付せん」（同）

慶長四年（一五九九）二月、五大老五奉行が吉晴に越前府中五万石を加増したのもこのような功績あればこそのこと。かれは、浜松十二万石とあわせて十七万石を受ける身となったのだ。

そして七月十九日、吉晴は浜松城から初めて越前に入部しようとして三河の池鯉鮒《ちりふ》（知立）の宿に入った。ここでかれは、とんでもない刃傷沙汰《にんじょうざた》にまきこまれることになる。

家康刺殺計画

まず当時の状況を眺めると、会津の上杉景勝がひそかに石田三成と結び、家康追討のため白河へ出陣。七月二日に伏見城から江戸へもどった家康は、十四日に江戸城を出立してその白河めがけて北上を開始していた。吉晴もせがれの忠氏を家康に同行させていたほどだから、吉晴と家康が互いに敵意を抱《いだ》いていなかったことは確実である。

ところが、大坂在城の豊臣秀頼の家臣に加賀井秀望《かがのいひでもち》という者がいた。秀望は家康刺殺を企《たくら》んでいたが、家康が会おうとしないので引き返してき、ばったり吉晴に会ってこう偽りをいった。

「いまはお使いの役なので大坂へ帰りますが、役目がおわったら徳

川軍に加わるつもりです。しかし徳川家に知る人がいないので、だれか紹介して下され」（『藩翰譜』大意）

吉晴は、鷹揚《おうよう》に答えた。

「今晩、池鯉鮒の宿に刈谷城主水野忠重殿がやってくる。忠重殿は家康公と親しいから、この人を頼めばよい」（同）

その夕刻、水野忠重は吉晴の宿を訪ね、あれこれ接待してくれた。その席には加賀井秀望もつらなり、そろって酒を酌み交わした。

その直後の光景を、『藩翰譜』はつぎのように描いている。

「秀望忽ち忠重を斬りて倒す。吉晴、すかさず秀望を引っ組み、取つて押へて刺し殺す。水野が郎党、事俄《にわか》に起こりて主のかたき何《いず》れとも知らず、太刀抜き連れて切つて入る。吉晴が身に疵《きず》かうむること凡《およ》そ十七箇処。されども去るしたたか者にて、ちつとも痺《ひる》まで、足を延べて灯ふみ消し、大庭に飛んで下る」

加賀井秀望は、家康の代わりに水野忠重を討った。水野家の家来たちは主君が吉晴に斬られたものと思いこみ、かれを襲ったのである。吉晴は庭へ逃れてからも水野家の者たちに狙《ねら》われて危機一髪だったものの、奈良伊織という気の利く家来に助けられ、戸板に乗せられて浜松城へもどることができた。

調和型の名将

石田三成の挙兵が報じられたときも、吉晴はこの負傷のため動くに動けなかった。しかしそのせがれ忠氏は、家康が下野《しもつけ》の小山から兵を

返すに際し、
「御前にをいて我々の所存をとはせたまはゞ、いかゞこたへたてまつらむや」（『寛政重修諸家譜』）
とある家来にたずねられるや、こう答えた。
「某《それがし》は居城浜松をあけわたしたてまつるべきのあひだ、御人数を入《いれ》をかれ、御上洛あるべしと言上すべし」（同）
これはおそらく吉晴が浜松城を出る前に、もし石田方と開戦となったら徳川家に城をあけわたせと忠氏に命じてあったのだろう。忠氏は関ヶ原の戦いの前哨戦となった岐阜の戦いにおいて首級二百二十七を挙げる活躍ぶりだったため、吉晴はあらためて家康から出雲・隠岐二十四万石に封じられ、松江城を築くことになるのである。

こうして眺めてきたように堀尾家の将兵が強力だった理由として、吉晴が牢人たちの面倒をよく見たことが挙げられる。

吉晴は牢人を他家にも多く仕えさせ、秀次の家臣だったある者には三回も就職先を世話した。自身も百余人を召し抱えたそうだから、若き日の牢人暮らしがよほど身に応《こた》えていたようだ。

しかし、もはや吉晴がかつて牢人だったことを知る者はほとんどいなくなっている。なぜそこまでなさるのか、とある者に諌《いさ》められたとき、吉晴は自分の考え方を小瀬甫庵に打ち明けた。

「もしまた野心ある者があらわれて家康公がそれがしに出動を命じられたとする。そういう場合、出雲から兵を呼び寄せていては間に合わないから、内々に協力を頼める牢人たちを抱えておく方がいいのだ。

それがし書状をもって頼めば、三百騎や五百騎はすぐにそろえられる。これが忠というものだ」

吉晴はみずからの武功をせがれたちにも自慢しない性格だったことが災いしてか、これまで歴史小説に主人公として登場したこともない。だが、信長、秀吉、家康の三代に仕えて湖都松江を造りあげた吉晴が、調和型の名将であったことは間違いがない。

なお、出雲・隠岐二十四万石の城は、初めは松江城ではなく富田《とだ》城であった。富田城が領土の東方に偏在していて土地が狭く、水運の便も悪かったため、慶長十二年（一六〇七）から吉晴は松江城を築きはじめるのである。

吉晴は慶長四年のうちに家督を忠氏にゆずっていたが、その忠氏は同九年八月に、二十七歳にして急逝してしまった。一説によるとマムシに噛まれたのが原因という。そのせがれ小太郎は、まだ六歳。そのため吉晴はふたたび政務を見る晩年を送り、同十六年六月十七日に目を閉ざした。享年六十九。

小太郎あらため忠晴が寛永十年（一六三三）に子のないまま三十五歳にして死亡したため、松江藩堀尾家は三代で断絶する運命をたどった。

とはいえ、松江城天守閣《てんしゅかく》の優美さと石垣の彩りの良さは、今日なお健在である。平成二十一年（二〇〇九）七月、松江観光協会の観光文化プロデューサー高橋一清氏の依頼によって山陰文学学校で講演した私は、舟によってこの城のお堀をゆく「堀川めぐり」を楽しんできた。

城内を見学するよりも、「堀川めぐり」をした方が、水城と形容したくなるこの城の出来の良さをひしひしと感じることができる。堀尾吉晴は名将であるばかりか、築城の名人でもあったのだ。

（「歴史通」二〇一〇年一月号）

本書は、株式会社光文社のご厚意により、光文社文庫『武士たちの作法』を底本としました。但し、頁数の都合により、上巻・下巻の二分冊といたしました。

武士たちの作法―戦国から幕末へ―　上
（大活字本シリーズ）

2024年5月20日発行（限定部数700部）
底　本　光文社文庫『武士たちの作法』
定　価　（本体3,100円＋税）
著　者　中村　彰彦
発行者　並木　則康
発行所　社会福祉法人 埼玉福祉会
埼玉県新座市堀ノ内3—7—31　〒352—0023
電話　048—481—2181
振替　00160—3—24404
印刷製本所　社会福祉法人 埼玉福祉会 印刷事業部

ISBN 978-4-86596-647-3

大活字本シリーズ発刊の趣意

現在，全国で65才以上の高齢者は1,240万人にも及び，我が国も先進諸国なみに高齢化社会になってまいりました。これらの人々は，多かれ少なかれ視力が衰えてきております。また一方，視力障害者のうちの約半数は弱視障害者で，18万人を数えますが，全盲と弱視の割合は，医学の進歩によって弱視者が増える傾向にあると言われております。

私どもの社会生活は，職業上も，文化生活上も，活字を除外しては考えられません。拡大鏡や拡大テレビなどを使用しても，眼の疲労は早く，活字が大きいことが一番望まれています。しかしながら，大きな活字で組みますと，ページ数が増大し，かつ販売部数がそれほどまとまらないので，いきおいコスト高となってしまうために，どこの出版社でも発行に踏み切れないのが実態であります。

埼玉福祉会は，老人や弱視者に少しでも読み易い大活字本を提供することを念願とし，身体障害者の働く工場を母胎として，製作し発行することに踏み切りました。

何卒，強力なご支援をいただき，図書館・盲学校・弱視学級のある学校・福祉センター・老人ホーム・病院等々に広く普及し，多くの人人に利用されることを切望してやみません。